GEORGINA FUGGLE es una joven chef y estilista culinaria formada en la escuela de cocina Leith, que ha trabajado en Green & Black y como editora culinaria sénior. Creció ayudando a su padre en su huerto y ahora dirige varios restaurantes temporales denominados Hart & Fuggle con su amiga Alice Hart. Es autora del libro *Deliciosas verduras* y del blog **fuggleantics.blogspot.com**.

Las cinco mejores maneras de cuidar su cuerpo

Visite www.cincotintas.info para descargar el contenido gratis con el código

placeres32

deliciosas legumbres

✳

RECETAS
SUPERFÁCILES Y NUTRITIVAS
CON LENTEJAS, ALUBIAS Y GUISANTES

✳

GEORGINA FUGGLE

FOTOGRAFÍA DE ALI ALLEN

5 tintas

La edición original de esta obra ha sido publicada
en Gran Bretaña en 2015 por Kyle Books, sello editorial
de Kyle Cathie Ltd, con el título

On The Pulse

Traducción del inglés **Gemma Fors**

Diseñadora **Helen Bratby**
Fotografía **Ali Allen**
Estilismo culinario **Georgina Fuggle**
Estilismo **Ali Allen**
Editora del proyecto **Sophie Allen**
Editora **Stephanie Evans**
Asistente editorial **Hannah Coughlin**
Producción **Nic Jones**, **Gemma John** y **Lisa Pinnell**

Impreso en China
Depósito legal: B 17.383-2017
Código IBIC: WBT | WBA

ISBN 978-84-16407-35-4

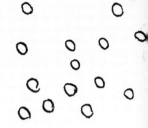

introducción a las maravillosas legumbres

Hasta tal punto ha llegado el impacto de las legumbres en nuestra dieta familiar que en mi casa, durante el pasado año, los garbanzos sustituyeron al pollo y las alubias pintas a la pasta. Legumbres secas enanas aparecen en la cocina como por arte de magia, cosa que antes no sucedía. Su efecto ha representado sinceramente un cambio bienvenido y ha modificado nuestra manera de comer, poco a poco, grano a grano.

Las legumbres son deliciosas. A lo largo de generaciones, han sido el pilar del menú familiar, y aparecían en nuestra mesa en forma de platos tan apetecibles como el chili con carne, el hummus o las sopas caseras, pero recientemente, este superalimento ha luchado por hacerse un lugar en otros menos habituales: pasteles, panes y harinas. Las recetas del presente libro reflejan todo el espectro, desde lo tradicional hasta lo experimental.

Las legumbres son una alegría para los sentidos. Cuando se deambula por la sección de legumbres, ya sea en un polvoriento mercado de Mysore o un iluminado supermercado de Mánchester, uno se sorprende con la riqueza de colorido. Como ingrediente, es algo que se agradece, ya que cuando comemos, empleamos todos los sentidos, no solo el gusto, sino también el olfato, la vista y el tacto. Los bellos tonos de las legumbres no solo agradan a los ojos, sino que además deleitan las papilas gustativas. Esta era, pues, una manera obvia de organizar el libro, y le animo a que se adentre en los capítulos que siguen, ordenados por colores. Muchos cocineros, por ejemplo, conocen la «judía blanca» pero no se les da muy bien especificar la variedad, así que espero que la distinción por colores ayude al lector a navegar por la plétora de legumbres: blancas, negras, verdes, amarillas, rojas y pardas forman la paleta de color que le servirá de guía. Cada una tiene su propia historia; la judía arrocina, por citar una, puede resultar familiar cocida al estilo clásico, pero también es ideal combinada con el cordero guisado. Un hallazgo delicioso es la mantecosa alubia verdina, que se cosecha antes de su completa maduración y se seca a la sombra para que no pierda su característico tono verde; es asombrosa añadida en una ensalada o convertida en salsa para mojar triturada con ajo, limón y requesón.

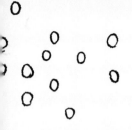

Las legumbres son prácticas. No me avergüenza decir que las legumbres en conserva son mis predilectas, por lo que las encontrará en muchas recetas. Se adaptan a mi estilo de vida y al de una familia que suele requerir comidas rápidas.

Las legumbres son nutritivas. Cada una es básicamente una semilla, y el contenido de cada semilla es tan poderoso que a partir de ella puede brotar y crecer una planta entera. No sorprende, por tanto, que sean una fuente rica en hidratos de carbono complejos y proteínas. Por si eso fuera poco, también están repletas de fibra (mucha más que el arroz integral) y son ricas en antioxidantes. Pero no solo importa lo que contienen, sino también lo que no contienen: ni gluten ni grasas.

Las legumbres (a veces) necesitan preparación. Las legumbres secas habitualmente precisan remojo (véanse las páginas 8-10) y las lentejas siempre deberían lavarse. He aprendido a lavar las legumbres en conserva a conciencia pero con cuidado, retirando el jugo espeso. La prisa o la falta de delicadeza pueden acabar reduciéndolo todo a un semipuré. En la mayoría de casos, las alubias en conserva

deben añadirse al final de la cocción para que no se pasen y despellejen. Aunque las conservas resulten más rápidas y fáciles de utilizar, las variedades secas ofrecen mucho más control a la hora de cocinar una receta. Cuando se emplean legumbres remojadas, se cocinan mientras se mezclan los sabores y se puede interrumpir la cocción cuando la textura es la deseada. Una advertencia: el tiempo que hace que fueron cosechadas puede afectar drásticamente la duración de la cocción, de modo que hay que ser consciente de ello y reducirla o aumentarla según convenga. Las legumbres secas también son una opción más económica y facilitan la alimentación de la familia con un presupuesto ajustado. Una sopa dhal especiada, cocida con cariño toda la tarde, acabada con cebolla crujiente, una cucharada de yogur agrio y pan roti recién hecho es una de mis cenas preferidas y cuesta bien poco.

Es hora de animarse a cocinar y ponerse a comer las deliciosas legumbres.

paleta de colores con legumbres

Descubra la variedad de legumbres, organizada aquí por colores, una distinción sana como otra. Por supuesto, existen muchas más, pero esta selección incluye mis favoritas, cada una con su lugar en la despensa.

HABAS JUDÍAS VERDES GUISANTES

ALUBIAS VERDINAS GUISANTES VERDES PARTIDOS LENTEJAS VERDES HABAS DE SOJA (EDAMAME) JUDÍAS MUNGO

GUISANTES AMARILLOS PARTIDOS HABAS PARTIDAS GARBANZOS SOJA EN GRANO

ALUBIAS CARILLAS

LENTEJAS VERDES
DE PUY

LENTEJAS NEGRAS

ALUBIAS NEGRAS

LENTEJAS ROJAS
PARTIDAS

ALUBIAS ROJAS

ALUBIAS ADZUKI

ALUBIAS BORLOTTI
EN CONSERVA

ALUBIAS PINTAS

ALUBIAS
BORLOTTI

JUDÍAS DE
MANTECA

JUDÍAS BLANCAS

JUDIONES

JUDÍAS
ARROCINAS

acerca de las distintas legumbres

ALUBIAS ADZUKI

Las alubias adzuki son las pequeñas judías rojas populares en China y Japón con un sabor parecido al de las alubias rojas. A menudo se preparan como pasta para rellenar arroz dulce y pegajoso en postres asiáticos. Son ricas en proteínas, hierro y folatos, y ahora se encuentran con facilidad, cocidas o secas.

¿NECESITAN REMOJO? SÍ
COCCIÓN TRAS REMOJO 40 MINUTOS
A FUEGO LENTO
CÓMPRELAS SECAS O EN CONSERVA

ALUBIAS BORLOTTI

Son un tipo de judía arriñonada y, una vez cocidas, son de color marrón claro y moteadas, recuerdan una obra maestra italiana y suelen usarse para platos italianos. Las judías frescas, aunque a veces resultan difíciles de conseguir, son fenomenales crudas. Pierden sabor con la cocción, pero conservan un sabor a fruto seco riquísimo.

¿NECESITAN REMOJO? SECAS, SÍ;
FRESCAS, NO
COCCIÓN TRAS REMOJO
1¼-1½ HORAS A FUEGO LENTO
CÓMPRELAS FRESCAS, SECAS
O EN CONSERVA

ALUBIAS CARILLAS

Son de tono claro y presentan una característica mancha negra. Son de la familia de las fabáceas, poseen una distintiva textura harinosa y están repletas de proteínas, además de ser muy bajas en calorías.

¿NECESITAN REMOJO? OPCIONAL
COCCIÓN TRAS REMOJO
20-30 MINUTOS A FUEGO LENTO
COCCIÓN SIN REMOJO 45 MINUTOS
A FUEGO LENTO
CÓMPRELAS SECAS O EN CONSERVA

ALUBIAS NEGRAS

Se cree que son muy indicadas para favorecer la digestión. Son ricas en proteínas, tiamina y magnesio. Debe saber que al cocerlas el líquido de cocción adopta un color morado. A menudo se utilizan para platos dulces ya que desarrollan una nota dulce, que recuerda al chocolate.

¿NECESITAN REMOJO? SÍ
COCCIÓN TRAS REMOJO 1½-2 HORAS
A FUEGO LENTO
CÓMPRELAS SECAS O EN CONSERVA

ALUBIAS PINTAS

Son lustrosas y rosadas y se vuelven de color pardo oscuro al cocerlas. Famosas como ingrediente de los burritos y por consumirse cocidas a fuego lento con arroz. A los mexicanos les encantan refritas para un desayuno lleno de fibra y folatos.

¿NECESITAN REMOJO? SÍ
COCCIÓN TRAS REMOJO
1½-2¼ HORAS A FUEGO LENTO
CÓMPRELAS SECAS O EN CONSERVA

ALUBIAS ROJAS

Largas y curvadas, son ricas en fibra, hierro y magnesio. Liberan hidratos de carbono lentamente, de modo que son una gran fuente de energía, por lo que es ideal añadirlas a sopas y estofados. Las alubias rojas secas contienen una toxina natural llamada lectina, que provoca dolor de estómago, pero esta se destruye con una cocción adecuada.

¿NECESITAN REMOJO? SÍ
COCCIÓN TRAS REMOJO HERVIR
10 MINUTOS, LUEGO COCER A
FUEGO LENTO 1½-2 HORAS
CÓMPRELAS SECAS O EN CONSERVA

ALUBIAS VERDINAS

Pequeñas, cremosas, de tono verde claro, piel tierna y dulce, y sabor mantecoso, son muy apreciadas en Francia. En realidad, son arrocinas tiernas pequeñas que se han cosechado y secado a la sombra para que conserven el color. Utilícelas en ensaladas, salsas para mojar o estofados frescos primaverales.

¿NECESITAN REMOJO? SÍ
COCCIÓN 1¾-2¼ HORAS
A FUEGO LENTO
CÓMPRELAS SECAS O EN CONSERVA

GARBANZOS

Estas legumbres amarillas, redondas, de tamaño mediano, mantienen la forma al cocerlas. Poseen un exquisito sabor a fruto seco y resultan deliciosas en sopas y curris, pero son famosas por su presencia en el hummus, rico en proteínas.

¿NECESITAN REMOJO? SÍ
COCCIÓN TRAS REMOJO 2-3 HORAS
A FUEGO LENTO
CÓMPRELAS SECAS O EN CONSERVA

GUISANTES

Los mejores guisantes frescos son los que se pelan de las vainas y se consumen a las pocas horas de cocerlos. Pero la temporada es corta, de modo que es buena idea optar por la variedad congelada, que en mi opinión es deliciosa, fácil de conseguir y con el dulzor característico del guisante fresco.

¿NECESITAN REMOJO? **NO**
COCCIÓN **5 MINUTOS EN AGUA HIRVIENDO**
CÓMPRELOS SECOS O FRESCOS

GUISANTES AMARILLOS PARTIDOS

Conocidos por su sabor dulce y a fruto seco, son el ingrediente principal de la sopa dhal en la India, pero también se emplean para el tayín marroquí. Se obtienen partiendo un pariente pequeño del garbanzo por la mitad. No son indicados para ensaladas porque tienden a deshacerse.

¿NECESITAN REMOJO? **NO**
COCCIÓN **30-40 MINUTOS A FUEGO LENTO**
CÓMPRELOS SECOS

GUISANTES VERDES PARTIDOS

Son guisantes secos pelados y partidos por la mitad. Están repletos de proteínas y poseen un agradable dulzor. Se cocinan con bastante rapidez, de modo que el truco consiste en sacarlos de la olla antes de que se deshagan. Con ellos se elabora una deliciosa sopa de guisantes y jamón.

¿NECESITAN REMOJO? **NO**
COCCIÓN **30-40 MINUTOS A FUEGO LENTO**
CÓMPRELOS SECOS

HABAS

Son las hortalizas preferidas de mi padre, de modo que las conozco desde pequeña. Sustanciosas, algo amargas si se comen con piel, pero mucho más agradables y bonitas cuando se pelan y revelan las joyas verdes de su interior. Corte la vaina por la unión y pase el pulgar por el velloso interior para hacer saltar las semillas.

¿NECESITAN REMOJO? **NO**
COCCIÓN **4-5 MINUTOS EN AGUA HIRVIENDO**
CÓMPRELAS FRESCAS

HABAS DE SOJA (EDAMAME)

Son granos de soja tiernos, a menudo presentados en las vainas y consumidos como tentempié dulce y fresco, lleno de proteínas. En el supermercado o tiendas especializadas se encuentran congeladas y peladas, que son las que suelo usar en mi cocina.

¿NECESITAN REMOJO? **NO**
COCCIÓN SIN REMOJO **5-6 MINUTOS A FUEGO LENTO**
CÓMPRELAS CONGELADAS

HABAS PARTIDAS

Este tipo de alubias están viviendo un renacimiento. Son una parte importante del sistema de rotación de cultivos, de modo que los agricultores han seguido cultivándolas y ahora los consumidores han empezado a apreciarlas. Suelen chafarse para obtener un puré mantecoso, suave y rico en proteínas.

¿NECESITAN REMOJO? **NO (SI SON PARTIDAS)**
COCCIÓN **40 MINUTOS A FUEGO LENTO**
CÓMPRELAS SECAS O EN CONSERVA

JUDÍAS ARROCINAS

Estas pequeñas alubias ovaladas de color hueso adoptan una esponjosa consistencia al cocerlas. Suelen prepararse con salsa de tomate. Son conocidas por su habilidad de absorber el sabor de un plato.

¿NECESITAN REMOJO? **SÍ**
COCCIÓN TRAS REMOJO **1½-2 HORAS A FUEGO LENTO**
CÓMPRELAS SECAS O EN CONSERVA

JUDÍAS BLANCAS

Son mis preferidas. Son las alubias blancas comunes, de la misma familia que las arrocinas. De color blanco sucio, son largas y ovaladas, y poseen una textura suave y mantecosa. ¡Deliciosas, baratas y fáciles de encontrar!

¿NECESITAN REMOJO? **SÍ**
COCCIÓN TRAS REMOJO **10 MINUTOS DE HERVOR FUERTE, LUEGO 1½-2 HORAS MÁS**
CÓMPRELAS SECAS O EN CONSERVA

JUDÍAS DE MANTECA

Son alubias grandes, planas, con un color que varía del amarillo al blanco y textura cremosa. Son ricas en fibra y proteínas, y bajas en grasa, y con ellas se hace un puré para chuparse los dedos.

¿NECESITAN REMOJO? **SÍ**
COCCIÓN TRAS REMOJO **1½-2 HORAS A FUEGO LENTO**
CÓMPRALAS SECAS O EN CONSERVA

JUDÍAS MUNGO

Son unas bonitas alubias pequeñas de color amarillo verdoso con una línea blanca a lo largo de la unión. Pueden cocerse, para recetas de curri y sopas, o hacer que germinen (como brotes de soja). Son ricas en proteínas y bajas en calorías.

¿NECESITAN REMOJO? **OPCIONAL**
COCCIÓN TRAS REMOJO **40 MINUTOS A FUEGO LENTO**
COCCIÓN SIN REMOJO **1¼ HORAS A FUEGO LENTO**
CÓMPRALAS SECAS

JUDÍAS VERDES

Se trata de una hortaliza popular que se come con vaina. Son frescas, crujientes y algo dulces. Deben cosecharse antes de que envejezcan para evitar los hilos que se forman.

¿NECESITAN REMOJO? **NO**
COCCIÓN **5-6 MINUTOS EN AGUA HIRVIENDO**
CÓMPRALAS FRESCAS

JUDIONES

Enormes, harinosos, regordetes y riquísimos, parecen judías de manteca hinchadas. Se utilizan mucho en España y Grecia, y suelen consumirse en ensaladas y estofados.

¿NECESITAN REMOJO? **SÍ**

COCCIÓN TRAS REMOJO **1¼-1½ HORAS A FUEGO LENTO**
CÓMPRELOS SECOS O EN CONSERVA

LENTEJAS NEGRAS

Estas preciosidades relucen al cocerlas, lo cual las hace parecidas al caviar. Son ideales para sopas y quedan espectaculares en ensaladas.

¿NECESITAN REMOJO? **NO**
COCCIÓN **20-30 MINUTOS A FUEGO LENTO**
CÓMPRELAS SECAS O EN CONSERVA

LENTEJAS ROJAS PARTIDAS

Ricas en folatos y fibra, estas conocidas lentejas presentan un sabor suave, a tierra, y son perfectas para platos con sabores intensos. Procure no cocerlas demasiado porque tienden a deshacerse.

¿NECESITAN REMOJO? **NO**
COCCIÓN **15-20 MINUTOS A FUEGO LENTO**
CÓMPRELAS SECAS

LENTEJAS VERDES

Son las clásicas de tono verdoso y ricas en fibra que se ven en los estantes de todos los supermercados. Tienden a reblandecerse si se pasan de cocción, de modo que si las desea enteras, añada aceite al agua de cocción y cocínelas brevemente.

¿NECESITAN REMOJO? **NO**
COCCIÓN TRAS REMOJO **30 MINUTOS A FUEGO LENTO**
CÓMPRELAS SECAS O EN CONSERVA

LENTEJAS VERDES DE PUY

Son bellas, de elegante color negro. Poseen un sabor pimentado y algo carnoso, y se mantienen firmes con la cocción. Suelen utilizarse en recetas francesas, son ideales para hacerlas germinar y muy saludables, y están repletas de hierro, proteínas y fibra dietética.

¿NECESITAN REMOJO? **NO**
COCCIÓN **20-30 MINUTOS A FUEGO LENTO**
CÓMPRELAS SECAS O EN CONSERVA

SOJA EN GRANO

Estas alubias amarillas y redondeadas se comen en el Lejano Oriente desde hace miles de años (son la base de la sopa de miso fermentada) y ahora han llegado a Occidente. Aquí, dado su elevado nivel proteínico, se emplean para multitud de productos sustitutivos de la carne, como el tofu. Cuando no se transforman para otros usos, pueden cocerse y comerse en ensaladas o sopas. La soja en grano contiene una toxina natural llamada inhibidor de tripsina que puede impedir la adecuada digestión de los alimentos. La toxina se destruye con una buena cocción, cosa que hay que tener en cuenta.

¿NECESITAN REMOJO? **SÍ**
COCCIÓN **45-60 MINUTOS EN AGUA HIRVIENDO**
CÓMPRELAS SECAS O EN CONSERVA

LEGUMBRES GERMINADAS

El proceso de observar la germinación de unas alubias secas, sin vida, es una alegría. El resultado es un ingrediente muy digerible y saludable que resulta exquisito al añadirlo a las hojas de una ensalada o servirlo como elemento crujiente de un bocadillo. Las legumbres germinadas se encuentran disponibles en muchos supermercados y tiendas especializadas, pero son fáciles (y mucho más baratas) de preparar en casa: solo necesita unas alubias (pueden germinarse casi todas excepto la alubia roja y los granos de soja que contienen una toxina que precisa cocción), un tarro bien limpio para germinarlas y un trozo de muselina para cubrir la abertura superior del tarro y dejar que el agua se escurra. Meta las alubias elegidas en el tarro, vierta agua hasta cubrirlas y que queden sumergidas unos 3-5 cm, y déjelas en remojo toda la noche. Al día siguiente, escurra el agua y enjuague las alubias hasta que el agua salga clara. Deje el tarro inclinado para que vaya escurriéndose el agua y el aire circule, sin impedimentos. Lave las alubias con agua fresca, a diario, durante 1-4 días hasta que salgan los brotes. Utilícelas como desee. Cabe destacar que las judías mungo, las lentejas y los garbanzos son de crecimiento rápido (tardan 2-3 días), pero las alubias más grandes como la de manteca pueden tardar 4 días.

blancas

JUDÍA DE MANTECA

✳

JUDÍA BLANCA

✳

JUDÍA ARROCINA

✳

JUDIÓN

pizza de alubias blancas y pesto

PARA LA MASA DE PIZZA

360 ml de agua caliente
2 sobres de 7 g de levadura seca o 30 g de levadura fresca
2 cucharaditas de azúcar extrafino
700 g de harina de fuerza para pan, y un poco más para espolvorear
2 cucharaditas de sal
50 ml de aceite de oliva, y un poco más para engrasar

PARA EL PESTO

50 g de piñones
70 g de albahaca, solo hojas, y un poco más para decorar
2 dientes de ajo grandes, machacados
50 g de parmesano, rallado
200 ml de aceite de oliva
Un chorrito de zumo de limón
Sal marina

PARA LA PASTA DE ALUBIA BLANCA

10 g de mantequilla
2 chalotas, troceadas
Una rama de romero, troceada
400 g de alubias blancas en conserva, escurridas y lavadas
50 ml de aceite de oliva
Sal y pimienta negra recién molida

Esta es una deliciosa receta vegetariana surgida de la manera veneciana de servir la pizza con pesto. Una vez preparados el puré de alubias y el pesto, simplemente se añaden sobre la masa con mozzarella y albahaca y se hornea.

PREPARACIÓN 45 MINUTOS + TIEMPO DE FERMENTACIÓN
✳ COCCIÓN 12 MINUTOS ✳ SALEN 4 PIZZAS

Empiece con la masa de las pizzas. Ponga la mitad del agua (180 ml) en un cuenco pequeño e incorpore la levadura y el azúcar. Remueva y reserve 5-10 minutos hasta que la superficie quede algo espumosa. Esto es la señal de que la levadura se ha activado.

Tamice la harina y la sal en un cuenco grande y forme un volcán en el centro. Vierta la mezcla de la levadura, el aceite y el resto de agua caliente. Amase con las manos y añada un poco más de harina si la masa parece demasiado húmeda o un poco de agua si parece seca. Pase la masa a una superficie algo enharinada y amase 8-10 minutos hasta que quede suave y elástica. Devuélvala a un cuenco limpio, untado de aceite, y cubra con un trapo de cocina humedecido o con papel film transparente pintado con aceite. Reserve en un lugar cálido durante 1 ½ horas hasta que doble de tamaño.

Mientras, elabore el pesto. Tueste los piñones en una sartén en seco hasta que se doren y luego échelos al vaso del procesador de alimentos o la trituradora con las hojas de albahaca, ajo y parmesano. Triture y luego vaya añadiendo el aceite. Condimente al gusto con sal y zumo de limón.

Para la pasta de alubias, derrita la mantequilla en una sartén pequeña a fuego medio. Agregue las chalotas y sofríalas 3-4 minutos hasta que se ablanden. Añada el romero y las alubias y siga cociendo 4 minutos hasta que esté bien caliente y empiece a soltar agua. Viértalo todo en un cuenco y añada el aceite. Utilice una batidora de mano para obtener una pasta con algún tropezón y salpimiente.

Precaliente el horno a 220 °C / 200 °C con ventilador / gas potencia 7. Meta una bandeja en el horno para que se caliente bien: así conseguirá una base crujiente. Amase la masa 1 un minuto más y luego divídala en cuatro partes iguales. Con un rodillo bien enharinado, extienda cada bola lo más fina que pueda. Saque la bandeja del horno, espolvoree con harina antes de disponer la masa encima. Extienda unas 5 cucharadas de pesto sobre la masa. Luego reparta unas 5 cucharadas de puré de alubias encima y hornee 10-12 minutos. Repita la operación para las otras pizzas. Decore con albahaca fresca, espolvoree con pimienta negra y sirva inmediatamente.

tartaletas de frutos secos con alubias blancas y espinacas

PARA LAS BASES

125 g de avellanas, con piel
125 g de almendras enteras, peladas
1 cucharadita de dukkah
1 cucharada de aceite de oliva, y un poco más para engrasar
1 huevo mediano

PARA EL RELLENO

100 g de espinacas tiernas
400 g de alubias blancas en conserva
2 cucharadas de nata para cocinar
1 huevo mediano, batido
1 diente de ajo, machacado
Sal y pimienta negra recién molida

40 g de parmesano, para el gratinado

La base no se hace con masa, sino con migas pegajosas de frutos secos triturados, aceite y huevo. El lugar de extender la masa y luego disponerla en las tartaletas, se presiona la pasta obtenida en los moldes y se allana con los dedos humedecidos antes de hornearla sin relleno. El relleno suave de alubias combina a la perfección con la base, pero acuérdese de rociarlo con aceite de oliva virgen extra antes de servir.

PREPARACIÓN 30 MINUTOS ✳ COCCIÓN 40 MINUTOS ✳ SALEN 4 TARTALETAS

Precaliente el horno a 180 °C / 160 °C con ventilador / gas potencia 4. Para la base, ponga las avellanas, las almendras, el dukkah, el aceite y el huevo en un procesador de alimentos y triture 3-4 minutos, rascando las paredes del recipiente, hasta que la mezcla quede fina y homogénea. Forre con esta base cuatro moldes desmontables de 10 cm untados con un poco de aceite, incluidos los bordes, para crear la forma de tartaleta. Procure que el grosor de la capa sea de unos 0,25 cm. Refrigere unos 20 minutos, luego pinche las bases con un tenedor, disponga sobre una bandeja de horno grande y hornee 15 minutos, o hasta que se doren. Reserve y deje templar.

Mientras, prepare el relleno. Ablande las espinacas poniendo las hojas en un colador y vertiendo agua hirviendo. Escúrralas bien, luego trocéelas. Triture las alubias y mezcle este puré con la nata, el huevo y el ajo. Incorpore las espinacas. Condimente la mezcla, rellene con ella las tartaletas y esparza el parmesano por encima.

Vuelva a meterlas en el horno 20-25 minutos más hasta que el relleno cuaje. Retire del horno antes de que se agriete. Deje templar un poco, luego desmolde las tartaletas. Sirva con ensalada verde.

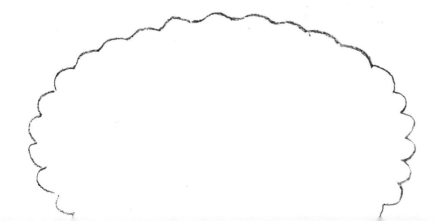

caballa con judías de manteca y calabacín

INGREDIENTES

2 cucharadas de aceite de oliva

5 chalotas, en láminas

3 dientes de ajo, en láminas

150 g de brócoli Bimi

800 g de judías de manteca en conserva, escurridas y lavadas

2 calabacines, rallados

75 ml de caldo vegetal

100 ml de nata espesa para montar

10 g de albahaca, troceada

4 filetes de caballa, sin espinas pero con piel

Un poco de harina blanca, condimentada

La caballa en todas sus presentaciones, ya sea ahumada, frita o en sashimi, es un pescado fenomenal. La combinación de sabor intenso con la garantía de que nuestro organismo recibe abundantes aceites saludables y omega 3 son esenciales en cualquier receta.

PREPARACIÓN 20 MINUTOS ✳ COCCIÓN 45 MINUTOS ✳ 6 RACIONES

Precaliente el horno a 180 °C / 160 °C con ventilador / gas potencia 4.

Caliente la mitad del aceite de oliva en una sartén honda a fuego fuerte. Sofría las chalotas y el ajo 3-4 minutos hasta que se doren. Retire del fuego y reserve.

Lleve una olla pequeña llena de agua a ebullición y añada el brócoli. Cueza 5-6 minutos hasta que empiece a quedar tierno. Escurra y reserve.

Pase las chalotas y el ajo a un bol grande. Agregue el brócoli, las alubias, el calabacín, el caldo, la nata y la mitad de la albahaca y mezcle bien. Pase la mezcla a una fuente para el horno, cubra con papel de aluminio y hornee 30 minutos hasta que todo quede caliente y burbujee.

Unos minutos antes del final de la cocción, céntrese en la caballa. Pase el lado con piel por un plato con harina condimentada. Caliente el resto del aceite en la sartén. Disponga con cuidado los filetes de caballa en la sartén, con la piel abajo. Deles la vuelta al cabo de 2 o 3 minutos, cuando observe que la carne está cocida hasta la mitad del grosor. Cocine por el otro lado 2 minutos más.

Sirva el pescado frito sobre un montón de alubias calientes decorado con albahaca.

✳CONSEJO

Seque los filetes de caballa con papel de cocina antes de freírlos: así conseguirá una piel más crujiente.

estofado de cordero con alcachofas y judías blancas

INGREDIENTES

3 cucharadas de aceite
de oliva

900 g de paletilla de cordero,
cortada en dados de 3 cm

1 cebolla grande, en láminas

4 dientes de ajo, en láminas
finas

125 ml de vino blanco

1 cucharada de concentrado
de tomate

2 cucharadas de vinagre
de vino blanco

300 ml de caldo vegetal
caliente

Una rama de romero

400 g de corazones de
alcachofa, asados o en
conserva, escurridos

Raspadura y zumo de
1 limón (son necesarias
2 cucharadas)

400 g de alubias blancas en
conserva, escurridas
y lavadas

100 g de tomates secos,
troceados

2 cucharadas de perejil
troceado

Sal y pimienta negra recién
molida

Este estofado hecho sin esfuerzo nos acerca los sabores del Mediterráneo: tomate, romero y limón. Siga cociendo hasta que el cordero esté tierno al pincharlo con un tenedor, adaptando los tiempos de cocción hasta conseguir la consistencia deseada.

PREPARACIÓN 30 MINUTOS ✳ **COCCIÓN 3 HORAS** ✳ **6 RACIONES**

En una sartén grande caliente la mitad del aceite a fuego fuerte. Dore los trozos de cordero por tandas por todos lados: tómese el tiempo necesario para ello, porque le dará al plato una profundidad de sabor adicional. Retire el cordero de la sartén y reserve.

Vierta el resto de aceite de oliva en la sartén y añada la cebolla con un poco de sal y sofríala, a fuego medio, removiendo con frecuencia hasta que se dore, se ablande y se pegue. Incorpore el ajo y cueza 2 minutos más. Vierta el vino por encima y deje reducir a un tercio, hasta que el líquido casi se haya evaporado.

Pase el cordero, la cebolla, el ajo y el vino a una cacerola de 2 litros de capacidad con la base gruesa. Incorpore el concentrado de tomate, el vinagre y el caldo. Hunda la rama de romero y salpimiente generosamente. Cubra con una tapa ajustada y cueza a fuego lento 3 horas, removiendo de vez en cuando, si cree que necesita más líquido, añada un poco de agua.

Retire la tapa y agregue las alcachofas, el zumo de limón y las alubias. Tape de nuevo y cueza 15 minutos más, luego añada los tomates secos.

Sirva enseguida, con la raspadura de limón, el perejil y un poco de pimienta negra por encima.

pasta y judía arrocina con endibia

PARA LAS JUDÍAS

250 g de judías arrocinas
   secas, en remojo desde
   la vigilia

3 hojas de laurel

1 pimiento chipotle entero
   seco

Una rama de romero

Corteza de parmesano

1 zanahoria, lavada

2 ramas de apio

PARA LA SOPA

3 cucharadas de aceite
   de oliva

1 cebolla grande, troceada

3 dientes de ajo, picados

400 g de tomates troceados
   de calidad en conserva

200 ml de vino blanco seco

125 g de pasta seca al gusto
   (mi preferida son los
   rigatoni)

½ endibia pequeña, en
   láminas

Un puñadito de albahaca
   picada

Sal y pimienta negra recién
   molida

Parmesano recién rallado,
   para servir

Esta antigua receta italiana llena de sabor, como muchas otras recetas de éxito, empezó como alimento de campesinos. Su estimulante sabor y el hecho de que los ingredientes sean fáciles de encontrar facilitan la elaboración de este plato cocido a fuego lento. Siga cociendo hasta que las judías queden tiernas: esto significa adaptar ligeramente el tiempo de cocción en cada caso.

PREPARACIÓN 20 MINUTOS + 1 NOCHE DE REMOJO
✳ COCCIÓN 2 HORAS Y 35 MINUTOS ✳ 6 RACIONES

Empiece preparando las judías. Lave las judías remojadas y póngalas en una cacerola grande de base gruesa. Cúbralas con agua salada (use el doble de volumen de agua que de judías). Incorpore los ingredientes aromáticos –laurel, chile, romero, corteza de queso, zanahoria y apio– y lleve a ebullición. Baje el fuego y cueza, sin tapa, hasta que las judías estén listas: alrededor de 1 ½-2 horas. Retire la cacerola del fuego y deje reposar 20 minutos. Retire las hierbas, la corteza de queso y las hortalizas (pero no las judías) con una espumadera, y deséchelas.

Mientras las judías reposan, prepare la sopa. Caliente el aceite en una cacerola grande y honda a fuego medio. Añada la cebolla y el ajo y sofríalos unos 5 minutos hasta que se ablanden y se doren. Agregue el tomate y siga cociendo, removiendo frecuentemente, 10-12 minutos hasta consumir el líquido excesivo. Vierta el vino y lleve a ebullición, cueza 5 minutos más hasta que casi se haya evaporado.

Añada las judías y el jugo de su cocción a la cacerola y siga cociendo unos minutos a fuego medio hasta que todo quede mezclado. Incorpore la pasta seca, añada suficiente agua fría hasta que queden sumergidas unos 2-3 cm y cueza 15 minutos hasta que queden al dente. Salpimiente al gusto y pase a cuencos individuales. Acabe el plato con la endibia y la albahaca. Disponga un bol con parmesano rallado en la mesa para quien desee servirse.

tarta de queso y judías blancas con masa de semillas de hinojo

PARA LA MASA

150 g de mantequilla sin sal, fría, y un poco más para engrasar

400 g de harina blanca, tamizada, y un poco más para espolvorear

½ cucharadita de sal

¼ de cucharadita de mostaza en polvo

1 ½ cucharaditas de semillas de hinojo

1 huevo, batido con un poco de leche, para glasear

PARA EL RELLENO

1 patata mediana (250 g) tipo King Edward, pelada y cortada en daditos

30 g de mantequilla sin sal

4 chalotas alargadas (200 g) en rodajas

Un manojito de cebolletas, en rodajas

2 huevos medianos

130 ml de nata espesa para montar

2 cucharadas de perejil troceado

200 g de Cheddar curado, rallado

400 g de alubias blancas en conserva, escurridas y lavadas

Sal y pimienta negra recién molida

Quizá sea porque mi hermano se dedica a hacer tartas profesionalmente, pero he desarrollado cierto esnobismo culinario por las mismas. La masa debe elaborarse a partir de una receta de confianza que combine con el relleno. Utilice un queso fuerte, ya que las alubias funcionan bien con sabores intensos.

PREPARACIÓN 40 MINUTOS + 30 MINUTOS PARA ENFRIAR
✳ **COCCIÓN 1 HORA** ✳ **6 RACIONES**

Primero prepare el relleno. Hierva la patata en una olla grande con agua salada 10-15 minutos hasta que los dados se pinchen fácilmente con un cuchillo pero no se deshagan. Escurra y reserve.

Mientras, derrita la mantequilla en un cazo a fuego lento y sofría las chalotas y cebolletas hasta que queden blandas pero no doradas, removiendo ocasionalmente, durante 10 minutos. Retire del fuego y reserve. Bata ligeramente los huevos, la nata, el perejil y el queso. Añada una pizca de sal y un poco de pimienta negra molida. Reserve.

Para la masa, ponga la mantequilla y 110 ml de agua fría en un cazo y caliente hasta que se derrita, luego hierva suavemente. Vierta la harina, la sal, la mostaza y las semillas de hinojo en la mezcla. Rápidamente, remueva hasta que se homogeneice y se obtenga una masa blanda. Forme un disco con la masa tibia. Envuelva en papel film transparente y refrigere 30 minutos.

Precaliente el horno a 180 °C / 160 °C con ventilador / gas potencia 4, y engrase un molde para tarta (de unos 26 cm de diámetro).

Sobre una superficie algo enharinada, extienda dos tercios de la masa para forrar la base y los lados del molde. Extienda el resto de masa para crear la tapa. Con cuidado, forre el molde con la masa.

Mezcle las alubias, las patatas, la mezcla con las chalotas y la mezcla con el huevo batido. Dispóngalo todo en el molde forrado con la masa. Cubra la tarta con la tapa de masa y selle los bordes decorativamente. Glasee la parte superior con el huevo batido con leche. Practique dos agujeritos en la tapa para que salga el vapor, luego refrigere la tarta 10 minutos. Hornee 40-45 minutos hasta que se dore y sirva.

pastel de ternera con masa de alubias y chirivía

INGREDIENTES

2 cucharadas de aceite
  de oliva
2 puerros grandes, en dados
2 zanahorias, en dados
2 dientes de ajo, machacados
475 g de carne magra de
  ternera picada
2 cucharadas de concentrado
  de tomate
1 cucharada de harina blanca
1 cucharada de menta picada
2 cucharadas de perejil
  picado
200 g de tomates troceados
  en conserva o passata
250 ml de caldo de carne
  caliente

PARA LA CAPA SUPERIOR

350 g de chirivías, peladas
  y en cuartos
Una nuez de mantequilla
800 g de alubias blancas
  en conserva, escurridas y
  lavadas
4 cucharadas de nata agria
2 cucharadas de aceite de
  oliva
½ diente de ajo, rallado
50 g de queso Cheddar
  curado, rallado
30 g de semillas de calabaza
Sal y pimienta negra recién
  molida

Suelo servir este plato cuando nos reunimos muchos comensales. Lo preparo con antelación y lo conservo, tapado, en el frigorífico uno o dos días antes de su consumo. La capa superior es sorprendente, ya que no se elabora con patata, y hace más sabroso y especial el pastel. Cocine el relleno lentamente y añada la cantidad justa de líquido para que quede jugoso pero no empapado.

PREPARACIÓN 30 MINUTOS ✳ COCCIÓN 1 HORA Y 30 MINUTOS
✳ 4 RACIONES GENEROSAS

Caliente la mitad del aceite en una cacerola grande de base gruesa a fuego medio. Añada los puerros y zanahorias y cueza suavemente, unos 10 minutos, hasta que se ablanden y los puerros queden translúcidos. Agregue el ajo y cocine 1 minuto más. Retire las verduras de la cacerola y reserve. Añada el resto de aceite a la cacerola con la carne picada y sofría a fuego fuerte hasta que la carne tome color. Devuelva las verduras a la cacerola e incorpore el concentrado de tomate, la harina y las hierbas aromáticas. Cueza suavemente antes de incorporar los tomates troceados o passata y el caldo. Lleve a ebullición, luego baje el fuego y cueza unos 40 minutos hasta que el líquido reduzca a la mitad y los ingredientes queden integrados.

Precaliente el horno a 200 °C / 180 °C con ventilador / gas potencia 6.

Mientras, prepare la capa superior. Lleve a ebullición una olla grande con agua y añada las chirivías. Hierva 15-20 minutos hasta que estén blandas y se chafen bien. Escurra y devuélvalas a la olla. Agregue la mantequilla y las alubias y vuelva a poner la olla al fuego. Cueza unos 5 minutos antes de incorporar la nata agria, el aceite y el ajo. Retire del fuego y chafe hasta que obtenga un puré; añada más nata agria si es necesario. Salpimiente al gusto.

Rellene una fuente de horno de 1,5 litros de capacidad con el relleno. Extienda la capa superior por encima y presione con un tenedor. Espolvoree con el queso y las semillas de calabaza y hornee 25-30 minutos, luego acabe gratinando el pastel 5 minutos más hasta que la capa superior se dore.

bocados de patata con huevos escalfados

INGREDIENTES

600 g de patatas harinosas, sin pelar

400 g de judías arrocinas en conserva, escurridas y lavadas

Un chorrito de aceite de oliva

1 chalota alargada o 2 redondas, en rodajas finas

1 diente de ajo, machacado

1 cucharadita colmada de cúrcuma en polvo

1 cucharadita de semillas de alcaravea

½ cucharadita de chile Kashmiri en polvo

Un manojito de cilantro, troceado

Zumo de ½ limón

3 cucharadas de harina de garbanzo

3-4 cucharadas de aceite vegetal

Harina blanca condimentada, para empanar

Sal y pimienta negra recién molida

PARA ACABAR

4 huevos grandes
1 cucharada de cilantro picado

Estas hamburguesas de patata con especias indias son una gran aportación a la mesa del desayuno. La harina de garbanzo es esencial porque actúa como ingrediente espesante. Se pueden preparar la vigilia, pero es posible que luego precisen un poco más de horno.

PREPARACIÓN 40 MINUTOS + 30 MINUTOS PARA ENFRIAR ✳ COCCIÓN 20-30 MINUTOS ✳ 4 RACIONES GENEROSAS

Hierva las patatas enteras en agua con un poco de sal hasta que queden tiernas, retire del fuego y escurra. Reserve para que suelten todo el vapor al menos 10 minutos. Cuando se hayan templado, retire la piel. Trocee la mitad de las patatas y reserve. Añada las judías al resto de patatas y cháfelas con el dorso de un tenedor hasta obtener un puré con tropezones.

Caliente el chorrito de aceite en una sartén a fuego medio-bajo, añada las chalotas y sofría 4-5 minutos hasta que se doren un poco. Agregue el ajo y cueza 1 minuto. Incorpore las especias y cueza 3 minutos más. Reserve.

Añada la mezcla de chalotas y especias, el cilantro, el zumo de limón y la harina de garbanzo a las patatas chafadas y remueva, junto con las patatas troceadas reservadas. Salpimiente. Con las manos, forme ocho hamburguesas y refrigérelas al menos 30 minutos.

Precaliente el horno a 200 °C / 180 °C con ventilador / gas potencia 6.

Caliente el resto de aceite de oliva en una sartén grande antiadherente a fuego medio. Pase las hamburguesas por la harina condimentada, sacudiendo el exceso de la misma. Añádalas a la sartén y cueza 5-6 minutos hasta que se forme una costra crujiente en la base. Con cuidado, deles la vuelta y cueza 5 minutos más. Páselas a una bandeja de horno y áselas en el horno 10-12 minutos.

Mientras, escalfe los huevos. Lleve una olla de agua a un hervor suave. Provoque un remolino en el centro removiendo rápidamente con el mango de una cuchara de madera. Cuando el remolino haya casi desaparecido, rompa los huevos directamente en él. Escálfelos 2 ½-3 minutos a fuego suave. Disponga un huevo escalfado sobre cada bocado de patata y espolvoree con cilantro picado.

ragú toscano
con kale

INGREDIENTES

300 g de judión blanco seco,
en remojo toda la noche y
escurrido, u 800 g de judías
de manteca en conserva,
escurridas y lavadas

PARA EL ACEITE DE PEREJIL

100 ml de aceite de oliva
virgen extra
2 dientes de ajo grandes,
pelados
Las hojas de un manojo
mediano de perejil
Una pizca de azúcar
30 g de parmesano, rallado fino
Zumo de ½ limón pequeño
Sal y pimienta negra recién
molida

PARA EL RAGÚ

2 cucharadas de aceite
de oliva
1 cebolla grande, troceada
2 dientes de ajo, troceados
2 ramas de apio, en medias
lunas finas
1 bulbo de hinojo grande, las
hojas troceadas y el bulbo
en rodajas de 3 mm
4 hojas de laurel
200 g de col verde (kale),
troceada
Raspadura de 1 limón sin
encerar
400 ml de caldo vegetal
caliente
30 g de pan rallado
30 g de parmesano, rallado fino

«Ragú» es un término que designa un estofado de cocción lenta al estilo francés. Aquí se utiliza judión por su impacto visual. Puede sustituirlo por alubia de manteca si lo prefiere, y servirlo con una ensalada verde y pan con mantequilla.

PREPARACIÓN 30 MINUTOS + 1 NOCHE DE REMOJO
✳ **COCCIÓN 1 HORA Y 30 MINUTOS** ✳ **4 RACIONES**

Si utiliza alubias secas en lugar de en conserva, lávelas bajo un chorro de agua fría y póngalas en una cacerola grande. Cúbralas con agua fría y lleve a ebullición suave. Cueza, sin tapar, retirando la espuma de la superficie de vez en cuando, hasta que las alubias puedan chafarse fácilmente con el dorso de una cuchara. Tardarán alrededor de 1 hora, pero compruébelo al cabo de 45 minutos, escúrralas y condiméntelas generosamente. Si utiliza legumbres en conserva, omita este paso y simplemente condiméntelas generosamente.

Prepare el aceite de perejil triturando el aceite, el ajo, el perejil, el azúcar, el parmesano y el zumo de limón. Agregue 50-70 ml de agua fría para obtener una pasta líquida. Salpimiente al gusto. Pase a un cuenco pequeño y reserve.

Precaliente el horno a 200 °C / 180 °C con ventilador / gas potencia 6.

Para hacer el ragú, caliente el aceite con una pizca de sal en una cacerola grande a fuego medio-bajo. Añada la cebolla, el ajo, el apio, el hinojo en rodajas y las hojas. Tape la cacerola y cueza 10-15 minutos, removiendo de vez en cuando, hasta que las verduras se ablanden un poco. Incorpore las hojas de laurel y las alubias cocidas y remueva. Añada la col verde y la raspadura de limón. Vierta el caldo vegetal y mezcle. Siga cociendo 4-5 minutos hasta que la col se ablande.

Pase el ragú a una fuente honda de 2 litros de capacidad apta para el horno. Incorpore el aceite de perejil y salpimiente de nuevo. Espolvoree el pan rallado y el parmesano por encima. Hornee, sin tapar, 35-40 minutos hasta que burbujee. Deje reposar el ragú brevemente antes de servir.

✳CONSEJO

Si no tiene tiempo de
remojar las judías
de manteca secas toda
la noche, póngalas en una
cacerola grande, cubra
generosamente con agua
fría y lleve a ebullición.
Hierva unos 10 minutos,
y espume antes de retirar
la cacerola del fuego y
dejar que repose 3 horas.
Escurra y siga a partir
del segundo paso.

tostada con judía de manteca, higos y anchoas

INGREDIENTES

4 rebanadas grandes de pan de masa madre
1-2 cucharadas de aceite de oliva
1 diente de ajo, partido por la mitad
1 chalota alargada, en daditos
4-5 hojas de salvia, picadas
5-6 filetes de anchoa en sal, picados
400 g de alubias de manteca en conserva, escurridas y lavadas
160 ml de nata líquida para cocinar

PARA SERVIR

4 higos pequeños, partidos por la mitad o en rodajas
Un puñado de hojas verdes

Esta es una receta ideal para un día entre semana cuando no se tiene demasiado tiempo. Gran parte de los ingredientes pueden hallarse en la despensa y el plato debería poder servirse en 15 minutos. La combinación de las anchoas con la nata me sorprende cada vez, y con las judías y los higos frescos el plato resulta divino.

PREPARACIÓN 10 MINUTOS ✳ **COCCIÓN 15 MINUTOS**
✳ **2 RACIONES GENEROSAS**

Unte ambas caras de las rebanadas de pan con aceite. No utilice demasiado aceite, porque el pan lo absorbe rápidamente. Caliente una sartén grande a fuego medio-alto y, cuando esté caliente, fría las rebanadas por ambas caras. Según el tamaño de la sartén, es posible que deba hacerlo por tandas. Al retirar las rebanadas de la sartén, frótelas inmediatamente con el ajo por un lado.

Añada el resto del aceite a la sartén y baje a fuego medio. Agregue la chalota y las hojas de salvia y sofría 3-4 minutos hasta que la chalota se ablande y se dore. Incorpore la anchoa y cueza 1 minuto más.

Añada las judías junto con la nata, y mantenga a fuego bajo hasta el momento de servir, añadiendo unas gotas de agua si la mezcla se seca.

Disponga la mezcla caliente sobre el pan y sirva con los higos y las hojas verdes de temporada.

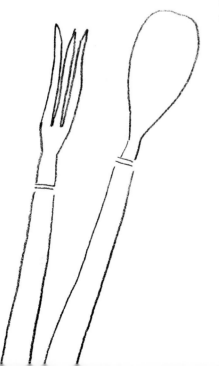

crema de calabaza y judía de manteca con salchicha al hinojo

INGREDIENTES

1 cucharada de aceite de oliva

1 calabaza (de unos 900 g-1 kg), pelada y cortada en daditos

3 ramas de apio, picadas

2 chalotas grandes, picadas

1 diente de ajo, machacado

800 g de judías de manteca en conserva, escurridas y lavadas

1 litro de caldo vegetal caliente

50 ml de nata espesa para montar

Raspadura de 1 naranja y zumo de 2

Sal y pimienta negra recién molida

PARA LA SALCHICHA AL HINOJO

½ cucharada de aceite de oliva

½ cucharadita de semillas de hinojo, algo machacadas

2 salchichas de cerdo, sin la piel

Hojas de eneldo, para decorar

La crema siempre se encuentra en mi repertorio semanal. Mientras que a otras personas se les hace la boca agua con un plato a base de pasta o carne, a mí me encanta saber que me espera un buen bol de crema caliente. Puede utilizar calabaza redonda o alargada, su sabor dulce, suave y a tierra es imbatible cuando es temporada.

PREPARACIÓN 25 MINUTOS ✳ COCCIÓN 45 MINUTOS ✳ 6 RACIONES

Empiece preparando la crema. Caliente el aceite en una cacerola grande de base gruesa a fuego medio. Añada la calabaza, el apio y las chalotas y sofría unos 10 minutos hasta que las verduras se ablanden un poco, pero procure que no se doren aún. Agregue el ajo y cueza 1 minuto más antes de añadir las alubias y el caldo vegetal. Tape la cacerola y cueza 30-35 minutos hasta que las verduras estén bien tiernas y se rompan.

Mientras, prepare las salchichas de hinojo. Caliente el aceite en una sartén a fuego medio. Añada las semillas de hinojo y sofríalas 1 minuto o hasta que empiecen a saltar. Agregue la carne de las salchichas a la sartén y desmenúcela con una cuchara de madera. Fría suavemente hasta que la carne se dore. Reserve.

Triture la crema en una batidora de vaso o de mano hasta obtener una consistencia suave y sedosa. Añada la nata, la raspadura y el zumo de naranja, luego remueva para combinarlo todo bien y salpimiente al gusto.

Devuelva la crema a la cacerola a fuego medio y recaliéntela suavemente. Reparta la crema entre los boles individuales y acabe cada ración con la salchicha de hinojo desmenuzada y unas hojas de eneldo.

judías arrocinas cocidas con beicon y migas crujientes

INGREDIENTES

400 g de judía arrocina seca, remojada toda la noche y escurrida

1 cebolla grande, cortada por la mitad

2 hojas de laurel frescas

5 granos de pimienta negra

75 ml de vino blanco

100 g de azúcar moreno

1 cucharada de melaza negra

½ cucharada de copos de guindilla

½ cucharadita de comino

1 cucharadita de sal

2 cucharadas de concentrado de tomate

1 cucharada de salsa Worcestershire

1 cucharada de mostaza de Dijon

200 g de tiras de beicon

150 g de pan rallado

40 g de mantequilla

La combinación de alubias con salsa espesa es un acierto y parece satisfacer tanto a niños como adultos. El pan rallado es una adición bienvenida que aporta al plato más cuerpo y otra capa de sabor. No tire las sobras, porque este plato mejora con los días.

PREPARACIÓN 20 MINUTOS + 1 NOCHE DE REMOJO ✳ **COCCIÓN 3 HORAS** ✳ **6-8 RACIONES**

Ponga las judías, la cebolla, el laurel y la pimienta en una cacerola u olla de 2 litros de capacidad y cubra con 1,5 litros de agua fría. Cueza, sin tapa, unos 50 minutos o 1 hora, o hasta que las judías estén tiernas. Escurra las alubias pero reserve 600 ml del agua de cocción. Retire y deseche la cebolla y las hojas de laurel.

Enjuague la cacerola y añada el vino, el azúcar, la melaza, la guindilla, el comino, la sal, el concentrado de tomate, la salsa Worcestershire, la mostaza y los 600 ml reservados de líquido de cocción de las alubias. Caliente hasta que burbujee y cueza a fuego medio unos minutos hasta que la salsa ligue. Añada las judías a la salsa junto con el beicon.

Precaliente el horno a 180 °C / 160 °C con ventilador / gas potencia 4.

Ponga la tapa a la cacerola, hornee 1 ½ horas hasta que las alubias queden bastante blandas como para chafarlas entre dos dedos y la salsa haya espesado. Retire la tapa y espolvoree el pan rallado por encima. Disponga pequeñas nueces de mantequilla sobre el pan rallado y devuelva al horno, sin tapar, unos 30 minutos, o hasta que la capa superior se dore y burbujee.

tostada con aguacate, burrata y judías de manteca

INGREDIENTES

Un chorrito de aceite de oliva

400 g de judías de manteca en conserva, escurridas y lavadas

2 aguacates maduros grandes, partidos por la mitad, pelados y troceados

Raspadura y zumo de 1 lima

2 cucharadas de cilantro troceado

Una pizca de sal marina Maldon

1 diente de ajo, partido por la mitad

4 rebanadas de pan de masa madre

200 g de burrata o mozzarella fresca, troceada

Aceite de oliva, para servir

El aguacate es clave para el éxito de esta receta. Debe estar en su punto, maduro pero no demasiado blando. La burrata es en realidad una versión superior, a menudo más grande, de la mozzarella, pero posee un corazón más tierno y cremoso. La encontrará en charcuterías y algunos supermercados.

PREPARACIÓN 10 MINUTOS ✳ COCCIÓN 5 MINUTOS ✳ 4 RACIONES

Caliente el aceite en un cazo a fuego medio, luego añada las judías y caliéntelas 1-2 minutos, retire del fuego y cháfelas un poco, con un poco más de aceite o agua si es necesario. Queda bonito dejar alguna entera.

Ponga la pulpa del aguacate en un cuenco pequeño con el zumo de lima y cháfelo con cuidado con un tenedor. Incorpore el cilantro y casi toda la raspadura de lima (reserve un poco para decorar). Sale con sal marina.

Tueste o gratine las rebanadas de pan cuando vaya a servir. Frote las rebanadas con el ajo y disponga encima las judías, el aguacate, la burrata, la raspadura de lima y unas gotas de aceite. Sirva enseguida.

panceta con puré de manzana y judías de manteca e hinojo

INGREDIENTES

1 pieza de panceta
  (1,3-1,4 kg)
2 cucharaditas de sal marina
Una rama de romero, picada
Un chorrito de aceite
  de oliva
4 chalotas alargadas,
  partidas en cuartos
2 bulbos de hinojo grandes,
  limpios y en cuartos
150 ml de sidra

PARA EL PURÉ

300 g de judías de manteca
  secas, remojadas toda la
  noche y escurridas
1 manzana tipo Cox, pelada
  y en dados
2 dientes de ajo, machacados
1 cucharada de vinagre de
  sidra
130 ml de aceite de oliva, y
  un poco más para rociar
2 cucharadas de zumo de
  limón
½ manojo de perejil, picado
Sal marina y pimienta negra
  recién molida

La combinación de cerdo, manzana e hinojo es conocida por su espléndido sabor. Si se hace bien, la carne cocida a fuego lento casi se deshace de tierna, la corteza queda crujiente y el puré suave.

PREPARACIÓN 45 MINUTOS + 1 NOCHE DE REMOJO
✳ COCCIÓN 2 HORAS Y 30 MINUTOS ✳ 6 RACIONES

Precaliente el horno a 220 °C / 200 °C con ventilador / gas potencia 7. Elija una fuente de horno lo bastante grande para que la panceta quede bien extendida.

Con un cuchillo afilado, marque la piel de la panceta con líneas en diagonal separadas 2,5 cm, con cuidado para no llegar a cortar la carne. Frote con la sal y el romero de manera que penetren en la grasa y sazone con pimienta. Rocíe con el aceite. Disponga la panceta en la fuente y ásela 30 minutos. La piel empezará a endurecerse. Baje el fuego a 180 °C / 160 °C con ventilador / gas potencia 4, y ase una hora más. Retire del horno y ponga la panceta sobre una tabla. Eche las chalotas y el hinojo a la fuente e imprégnelos con la grasa derretida. Ponga la panceta encima. Vierta la sidra alrededor de la panceta, con cuidado de no mojar la corteza, y áselo una hora más. Estará listo cuando la carne quede deliciosamente tierna, casi se deshaga, y la corteza bien crujiente. Deje reposar 10 minutos.

Mientras, prepare el puré. Ponga las judías de manteca en una cacerola grande y cubra con agua. Lleve a ebullición a fuego medio, luego baje el fuego y cueza 40-45 minutos hasta que las judías empiecen a ablandarse.

Ponga la manzana, ajo y vinagre de sidra en un cazo a fuego medio. Tape bien y cueza 5 minutos hasta que se evapore casi todo el líquido y la manzana empiece a ablandarse. Reserve.

Escurra las judías, reservando un poco del agua de cocción, luego páselas al procesador de alimentos. Añada la manzana, aceite y zumo de limón, y triture, con un poco del agua de cocción, para que se forme un puré suelto. Condimente al gusto e incorpore el perejil picado.

Corte la panceta en seis raciones. Sirva un montoncito de puré de judías con el hinojo y las chalotas. Disponga encima el cerdo y sirva con un chorrito de aceite.

bizcocho de limón, arándanos y judías de manteca

INGREDIENTES

400 g de judías de manteca
  en conserva, escurridas
  y lavadas
50 ml de aceite de oliva, y un
  poco más para engrasar
3 huevos medianos
Raspadura y zumo de
  2 limones sin encerar
100 g de azúcar extrafino
150 g de almendras molidas
90 g de polenta fina
1 cucharadita de levadura
  en polvo
200 g de arándanos

PARA EL SIROPE

Zumo de 1 limón grande
50 g de azúcar extrafino

Este es un bizcocho de sabor cítrico y saciante, de textura maravillosamente espesa, que debe llevarse a la mesa en porciones. Seguro que será engullido de una sentada, recién salido del horno, solo o acompañado de yogur. Además, no tiene gluten ni lácteos.

**PREPARACIÓN 20 MINUTOS ✳ COCCIÓN 45 MINUTOS
✳ SALE 1 BIZCOCHO DE 900 G**

Precaliente el horno a 180 °C / 160 °C con ventilador / gas potencia 4. Engrase un molde rectangular de 900 ml de capacidad y fórrelo con papel vegetal.

Ponga las judías y el aceite en el vaso del procesador de alimentos y triture hasta obtener una pasta espesa. Pásela a un cuenco grande e incorpore los huevos, de uno en uno, y mezcle bien antes de añadir la raspadura y el zumo de limón, el azúcar, las almendras, la polenta y la levadura.

Vierta la mitad de la masa en el molde, espolvoree la mitad de los arándanos antes de acabar de verter el resto de masa. Disponga el resto de arándanos encima, presionándolos ligeramente sobre la masa. Hornee 45 minutos.

Mientras, en un cazo con 1 cucharada de agua, prepare el sirope calentando el zumo de limón y el azúcar.

En cuanto el bizcocho esté cocido, retírelo del horno y, sin desmoldarlo, vierta el sirope por encima. No se preocupe si se acumula en las esquinas: el bizcocho lo irá absorbiendo. Deje templar un poco antes de desmoldarlo. Sírvalo cortado.

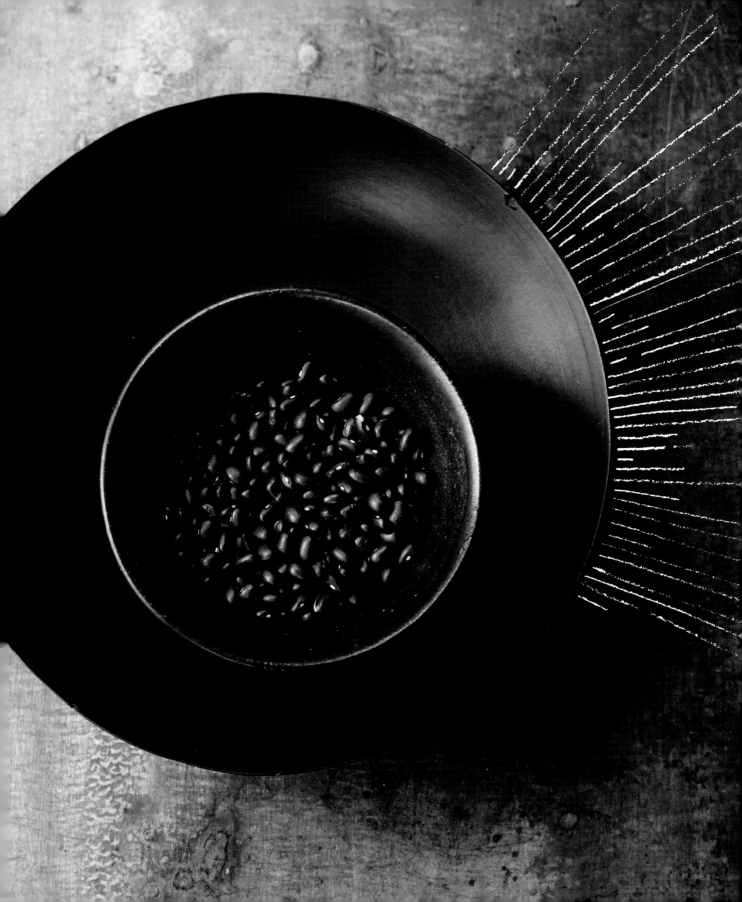

negras

ALUBIA NEGRA

ALUBIA CARILLA

LENTEJA VERDE DE PUY

LENTEJA NEGRA

ensalada de brócoli, alubias negras y cebolleta

INGREDIENTES

40 g de mantequilla sin sal
1 cucharadita de semillas
    de mostaza
½ cucharadita de páprika
400 g de alubias negras en
    conserva, escurridas y
    lavadas
2 cucharadas de aceite
    de oliva
1 cucharada de vinagre
    de sidra
5 cebolletas, en rodajas finas
150 g de brócoli, con 1-2 cm
    cortados de la base
50 g de rúcula
½ chile verde, picado
Sal

PARA DECORAR

50 g de semillas de girasol,
    tostadas
Abundante pimienta negra

La comida debe hacer que uno se sienta bien y, para mí, una ensalada equilibrada es la perfección. Sentarse y almorzar un plato de comida sin complicaciones, crujiente y fresco, nos prepara para una tarde fructífera y llena de energía. Con frecuencia varío un poco esta ensalada de brócoli, que nunca falta en el frigorífico y que como más me gusta es crudo. Las alubias se calientan un poco con mantequilla especiada, que se convierte en el aliño.

PREPARACIÓN 15 MINUTOS ✳ **COCCIÓN 10 MINUTOS** ✳ **6 RACIONES**

Derrita la mantequilla en una sartén mediana a fuego medio, luego añada las semillas de mostaza. Sofríalas 1-2 minutos antes de agregar la páprika y las alubias negras, siga cociendo 4-5 minutos. Sale y retire del fuego. Incorpore el aceite y el vinagre de sidra. El líquido servirá de aliño, de modo que puede añadir más aceite si las alubias lo absorben.

Para montar la ensalada, corte los floretes de brócoli tan finos como pueda y dispóngalos en un bol grande. Las hojitas verdes tienden a separarse de los «arbolitos»; simplemente, añádalas también al bol. Con cuidado, mezcle con la rúcula y el chile. Vierta encima las alubias, con todo el jugo, y pase la ensalada a una bandeja grande. Decore con las semillas de girasol y la pimienta negra.

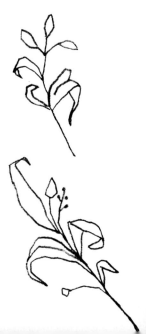

dhal de alubias negras

INGREDIENTES

350 g de alubias negras
  secas, remojadas toda
  la noche y escurridas
2 cucharaditas de semillas
  de comino
1 cucharadita de semillas
  de cilantro
2 cucharadas de aceite
  de oliva
1 cebolla, picada fina
6 hojas de curri
2 dientes de ajo, en láminas
Un trozo de 5 cm de
  jengibre, pelado y picado
1 cucharadita de chile en
  polvo
2 cucharaditas de especias
  garam masala
2 cucharaditas de pimentón
  ahumado
400 g de tomates en
  conserva troceados
1 chile verde, partido por
  la mitad
1 rama de canela
Sal marina

Pan naan o tortillas,
  calientes, para servir

Recuerdo aguantar un viaje de ocho horas en tren en el sur de la India, sobreponiéndome a las náuseas, el calor implacable y polvoriento y las fundas grasientas de los asientos con estampado de piel de leopardo. Hacia el anochecer nos detuvimos y mi flamante esposo intrépidamente sorteó faros de coches para llegar a un diminuto puesto de comida callejero. Volvió, orgulloso, con la cena: un montón resbaladizo y sedoso de alubias negras especiadas servidas en un plato de plástico. Todavía me acuerdo del suave y profundo sabor y de cómo las disfrutamos. Esta receta deriva de aquel recuerdo y podría comerse tal cual, con un poco de mantequilla fría derritiéndose en el centro.

PREPARACIÓN 20 MINUTOS + 1 NOCHE DE REMOJO
✳ COCCIÓN 2 HORAS Y 50 MINUTOS ✳ 6 RACIONES

Ponga las alubias en una olla con agua fría y lleve a ebullición a fuego fuerte. Cuando hiervan, baje el fuego y cueza de 1 hora a 1 hora 20 minutos, o hasta que las alubias estén tiernas. Escurra, devuélvalas a la olla y reserve.

Caliente una sartén pequeña y tueste las semillas de comino y cilantro 2 minutos. Macháquelas ligeramente en el mortero (o, si lo prefiere, échelas a un bol y cháfelas con el extremo del rodillo).

Caliente el aceite en otra sartén a fuego medio. Añada la cebolla y las hojas de curri, y sofría 5 minutos hasta que se ablanden y se doren. Agregue el ajo y el jengibre y sofría unos minutos más. Incorpore las semillas de comino y cilantro, chile en polvo, garam masala y pimentón ahumado. Añada los tomates y sofría 2-3 minutos para que todo se caliente.

Añada la mezcla de cebolla y tomate, chile verde, rama de canela y 200 ml de agua fría a las alubias, remueva y tape bien. Cueza a fuego medio durante 1 hora, removiendo de vez en cuando. Compruebe la sopa pasado ese tiempo, porque puede que precise 20 minutos más de cocción. Vigile el nivel de caldo, y añada más agua si la sopa la necesita. Retire el chile y la rama de canela, y sale al gusto. Sirva en boles, con pan naan o tortillas.

tarta de tomate, alubias negras y semillas de comino negro

PARA LA MASA

200 g de harina blanca, y un
poco más para espolvorear
Una pizca de sal
100 g de mantequilla fría,
en dados
30 g de parmesano, rallado
1 cucharadita de semillas
de comino negro
1 yema de huevo
2-3 cucharadas de agua helada

PARA EL RELLENO

1 cucharadita de semillas
de mostaza
1 cucharada de aceite
de oliva
2 cebollas, peladas
y en láminas
3 dientes de ajo
2 cucharaditas de azúcar
moreno
75 g de concentrado
de tomate
3 huevos, ligeramente batidos
150 ml de nata líquida para
cocinar
400 g de alubias negras en
conserva, escurridas y
lavadas
80 g de queso de cabra
firme, en rodajas
1 cucharadita de semillas
de comino negro
Sal y pimienta negra recién
molida

Cocinar tartas es laborioso, aunque solo sea porque entraña la preparación del relleno y la masa, pero esta es pan comido: cuando se ha preparado dos o tres veces, las manos ya se han familiarizado con la textura ideal para que quede perfecta.

PREPARACIÓN 40 MINUTOS + 1 HORA DE ENFRIAMIENTO
✳ **COCCIÓN 1 HORA Y 10 MINUTOS** ✳ **SALE 1 TARTA DE 30 CM**

Para la masa, tamice la harina y la sal en un cuenco grande y añada la mantequilla. Con las puntas de los dedos, trabaje la mantequilla con la harina hasta que la textura se parezca a las migas de pan. Agregue el parmesano y las semillas de comino negro y siga trabajando la mezcla hasta que el queso quede totalmente incorporado. Ahora añada la yema de huevo y el agua y con un cuchillo romo remueva hasta que la mezcla se ligue. Amásela brevemente para obtener una bola. Envuélvala en papel film transparente y refrigérela 30 minutos. No caiga en la tentación de amasar demasiado, o la grasa se calentará y resultará difícil de manejar.

Mientras, empiece a preparar el relleno. Añada las semillas de mostaza a una sartén en seco a fuego fuerte y tuéstelas 1-2 minutos. Retire de la sartén y reserve. Ponga de nuevo la sartén a fuego medio y vierta el aceite, añada la cebolla y sofría hasta que se ablande, removiendo regularmente, antes de añadir el ajo y cocerlo 1 minuto más. Devuelva las semillas de mostaza a la sartén, agregue el azúcar y añada el concentrado de tomate. Baje el fuego y cueza la mezcla 2-3 minutos. Retire del fuego y deje templar un poco.

Enharine ligeramente una superficie de trabajo, extienda la masa hasta que tenga un grosor de 0,25 cm y forre con ella un molde para tarta, asegurándose de que sobresale un poco por el borde. Corte la masa que sobresalga, pinche la base con un tenedor y devuélvala al frigorífico 30 minutos. Precaliente el horno a 200 °C / 180 °C con ventilador / gas potencia 6.

Siga con el relleno. En un bol mezcle los huevos, la nata y las alubias escurridas. Añada la mezcla de cebolla y tomate, remueva con cuidado y salpimiente.

Forre el molde con papel vegetal, rellénelo con bolitas cerámicas para que no suba la masa (u otro peso) y hornee 20 minutos. Retire el papel vegetal y las bolitas y devuelva al horno 5-8 minutos. Baje la temperatura del horno a 190 °C / 170 °C con ventilador / gas potencia 5. Vierta el relleno, disponga las rodajas de queso y las semillas de comino negro encima. Hornee 35 minutos o hasta que cuaje. Deje reposar 10-15 minutos antes de servir.

bastoncitos de pasta filo
con remolacha, lentejas y alcaravea

INGREDIENTES

2 remolachas grandes (unos
   325 g), peladas y cortadas
   en dados de 1,5 cm
1 cucharada de aceite
   de oliva
1 cucharadita de semillas
   de alcaravea, y un poco
   más para espolvorear
2 dientes de ajo, pelados
75 g de migas de pan de
   masa madre
400 g de lenteja negra en
   conserva, escurrida
2 cucharadas de yogur
   griego
Zumo de ½ limón
½ manojo de perejil,
   troceado
7 láminas de pasta filo
   (de unos 30 × 40 cm)
75 g de mantequilla sin sal,
   derretida
Sal y pimienta negra recién
   molida

PARA MOJAR

200 g de yogur griego
2 cucharadas de tahina
Zumo de ½ limón
1 cucharadita de perejil
   troceado

La pasta filo, empleada habitualmente en la cocina griega y de Oriente Medio, es un ingrediente útil con el cual familiarizarse, porque a menudo puede sacarnos de un apuro con invitados inesperados, de modo que vale la pena guardar un paquete en el congelador para echar mano de él cuando sea necesario. Estos bastoncitos, rellenos de remolacha asada, son deliciosos solos, pero el yogur con tahina los convierte de plato para picnic en plato festivo.

PREPARACIÓN 30 MINUTOS ✳ COCCIÓN 50 MINUTOS ✳ SALEN 21 BASTONCITOS

Precaliente el horno a 200 °C / 180 °C con ventilador / gas potencia 6 y ponga una bandeja forrada con papel vegetal en el horno para que se caliente: así los bastoncitos serán más crujientes.

Ponga la remolacha en una fuente para el horno y rocíela con el aceite. Espolvoree con las semillas de alcaravea y remueva para que se mezcle. Hornee 20 minutos, dándole la vuelta a media cocción, hasta que quede blanda y de color morado oscuro.

Ponga la remolacha asada, el ajo, las migas, las lentejas, el yogur y el zumo de limón en el vaso del procesador de alimentos y triture hasta obtener una pasta. Salpimiente e incorpore el perejil.

Corte las hojas de pasta filo a lo largo en 21 tiras de 10 × 30 cm aproximadamente. Unte cada tira con mantequilla derretida y disponga 2 cucharaditas de la mezcla en la base de cada tira, a lo largo del lado corto. Enrolle la tira para que envuelva el relleno (las puntas de los bastoncitos pueden dejarse abiertas) y dispóngalos sobre la bandeja precalentada forrada con papel vegetal. Para terminar, pinte cada bastoncito con un poco más de mantequilla derretida y espolvoree unas semillas de alcaravea por encima. Hornee 20-25 minutos o hasta que la pasta se dore.

Para preparar la salsa para mojar, mezcle el yogur, la tahina y el zumo de limón en un cuenco pequeño. Espolvoree con el perejil y sirva junto con los bastoncitos.

polenta sedosa con setas, alubias carillas y espinacas

INGREDIENTES

Una nuez de mantequilla
  sin sal
Un chorrito de aceite
  de oliva
3 chalotas alargadas,
  en cuartos
4 champiñones marrones
  grandes, limpios y en
  láminas
4 dientes de ajo, en láminas
125 g de hojas tiernas
  de espinacas
400 g de alubias carillas
  en conserva, escurridas
  y lavadas
200 ml de caldo vegetal
  caliente
Sal y pimienta negra recién
  molida

PARA LA POLENTA

1 litro de caldo vegetal
220 g de polenta
100 ml de nata para cocinar
50 g de mantequilla
50 g de parmesano,
  rallado fino

Esta receta precisa poco más de 20 minutos. El resultado es un plato invernal completo ideal para comer con los amigos sentados en el sofá.

PREPARACIÓN 20 MINUTOS ✳ COCCIÓN 25 MINUTOS ✳ 4 RACIONES

En una sartén grande de base gruesa caliente la mantequilla y el aceite a fuego medio-alto y añada las chalotas. Sofría 5 minutos hasta que se ablanden antes de agregar las setas y el ajo. Parecerá muy llena, pero siga sofriendo y, en cuestión de minutos, las setas encogerán y todo cabrá mejor. Mantenga el fuego alto, añada las espinacas y continúe calentando hasta que las hojas se marchiten. Para terminar, incorpore las alubias y el caldo. Salpimiente, baje el fuego y deje que la salsa siga cociendo unos minutos.

Para preparar la polenta, lleve a ebullición el caldo vegetal en un cazo. Vierta poco a poco la polenta y remueva tan rápidamente como lo permitan sus muñecas, deshaciendo los grumos que se formen. Deje burbujear la polenta unos minutos, removiendo, hasta que espese. Retire el cazo del fuego, incorpore la nata, la mantequilla y el parmesano. Salpimiente abundantemente y sirva junto a las verduras.

✳CONSEJO

Vale la pena recordar que cuanto más tiempo se cuece la polenta, más firme se vuelve, de modo que hay que servir el plato rápidamente.

Véase la página 52 para la receta de la Ensalada de lentejas con queso de yogur fresco al eneldo (fotografiada en la página siguiente)

ensalada de lentejas con queso de yogur fresco al eneldo

Los principales ingredientes de esta receta son humildes –yogur y lentejas–, pero no por ello menos importantes. El yogur se convierte en un suave labneh tras escurrirlo y envolverlo en forma de cilindro para servirlo, a rodajas, junto con una ensalada de lentejas delicadamente especiada.

PREPARACIÓN 15 MINUTOS + 2 DÍAS DE SECADO ✳ COCCIÓN 35 MINUTOS ✳ 4 RACIONES

PARA EL QUESO DE YOGUR AL ENELDO

1 kg de yogur natural de calidad

Raspadura de 1 limón, y un poco más para decorar

3 tallos de eneldo, solo hojas, picadas, y un poco más para decorar

½ cucharadita de granos de pimienta negra machacados

Aceite de oliva virgen extra, para conservar el labneh

PARA LA ENSALADA DE LENTEJAS

2 cucharadas de aceite de oliva

1 cucharadita de semillas de cilantro

1 cucharadita de semillas de mostaza

3 chalotas pequeñas, picadas

2 dientes de ajo, en láminas

200 g de lentejas negras o lentejas verdes de Puy secas, lavadas

400 ml de caldo vegetal caliente

Unas gotas de vinagre de vino tinto

Sal y pimienta negra recién molida

También necesitará un cuadrado de tela de muselina para escurrir

Para preparar el queso, vierta el yogur en un bol e incorpore la raspadura de limón y las hojas de eneldo. Muela los granos de pimienta negra y mézclelo todo. Forre un colador grande con la tela de muselina y vierta el yogur. Tire de los extremos de la tela y átelos, envolviendo el yogur, y disponga el colador sobre un cuenco. Deje en el frigorífico para que se seque dos días. Presione suavemente para extraer el exceso de líquido y abra la tela. Espolvoree eneldo, raspadura de limón y pimienta negra sobre un trozo de papel film transparente. Enrolle el queso de yogur con el papel film hasta formar una salchicha gruesa. Refrigere hasta el momento de su uso.

Mientras, prepare la ensalada de lentejas (también puede elaborarla con antelación y dejar que repose uno o dos días en el frigorífico). Caliente el aceite en una sartén alta de base gruesa a fuego medio-alto y añada las semillas de cilantro y mostaza. Fría las especias hasta que chisporroteen, alrededor de 1 minuto, antes de agregar las chalotas y el ajo. Sofría hasta que se ablanden e incorpore entonces las lentejas, removiendo para que se impregnen de la mezcla. Vierta el caldo vegetal y el vinagre, baje el fuego para mantener un hervor suave y cueza 25-30 minutos, o hasta que las lentejas queden blandas. Retire del fuego y deje templar un poco antes de salpimentar a su gusto.

Sirva las lentejas, calientes o frías, con una rodaja de queso de yogur al eneldo.

chilaquiles con salsa y crema de jalapeño

INGREDIENTES

2 cucharadas de aceite vegetal
1 cebolla, picada
2 dientes de ajo, en láminas finas
2 pimientos jalapeños, en rodajas finas
1 kg de tomates variados (verdes, amarillos y rojos), troceados
400 g de lentejas negras o alubias negras en conserva, escurridas y lavadas
Zumo de 1 lima
150 g de triángulos de tortilla
4 huevos grandes
Sal y pimienta negra recién molida

PARA LA CREMA DE JALAPEÑO

100 ml de yogur natural
200 g de requesón
3 jalapeños, en dados pequeños

PARA SERVIR

Cuñas de lima
Un puñado de cilantro, troceado

Este es un colorido plato de origen mexicano que sirvo a menudo como brunch familiar: no es de sorprender que a mis hijos les guste una comida que incluye nachos crujientes. En resumen, se trata de una salsa mexicana un poco picante sofrita antes de mojar con ella los nachos y hornearlo todo. Los chilaquiles se sirven con mucho requesón y huevos fritos calientes.

PREPARACIÓN 25 MINUTOS ✳ COCCIÓN 25 MINUTOS ✳ 4 RACIONES

Precaliente el horno a 170 °C / 150 °C con ventilador / gas potencia 3.

Caliente la mitad del aceite en una sartén grande apta para el horno a fuego medio y sofría la cebolla hasta que quede crujiente. Añada el ajo y los jalapeños y siga friendo 1 minuto. Sin subir el fuego, vierta los tomates y su jugo en la sartén y cueza unos 8 minutos hasta que empiecen a deshacerse pero no del todo. Incorpore las alubias, rocíe con el zumo de lima y salpimiente generosamente. Acabe con los triángulos de tortilla y pase la sartén al horno. Cueza 10 minutos.

Mientras, prepare la crema de jalapeño. Vierta el yogur y el requesón en un cuenco pequeño junto con los jalapeños. Mezcle vigorosamente, trabajando los ingredientes, durante 1 minuto.

Caliente el resto del aceite en otra sartén y fría los huevos a fuego fuerte 2 minutos hasta que los bordes de las claras se doren y las yemas sigan algo líquidas.

Retire los chilaquiles del horno y disponga encima los huevos, la crema de jalapeño, las cuñas de lima y abundante cilantro fresco.

berenjena asada con lenteja verde de Puy y mayonesa ahumada

INGREDIENTES

200 g de lentejas verdes
   de Puy, bien lavadas
1 rama de apio
Una cabeza entera de ajos
1-2 ramas de romero
1 hoja de laurel
4 berenjenas
Un manojo de hojas
   de albahaca, troceadas
Un manojo de hojas
   de menta, troceadas
100 g de tomates secos,
   troceados
3-4 cucharadas de aceite
   de oliva virgen extra
Zumo de 1 limón
Sal marina y pimienta negra
   recién molida

PARA LA MAYONESA

2 yemas de huevos medianos
2 cucharadas de zumo
   de limón
200 ml de aceite vegetal
   extra
1 cucharadita de pimentón
   ahumado

Este es un plato espectacular elaborado con una técnica sobradamente probada para cocinar las berenjenas. Simplemente se asan hasta que queden bien tiernas, se abren y se aliñan con aceite de oliva y limón. Las lentejas se cuecen mientras se asan las berenjenas, y luego todo se sirve junto a una mayonesa dulce ahumada.

PREPARACIÓN 30 MINUTOS ✳ COCCIÓN 40 MINUTOS ✳ 4 RACIONES

Ponga las lentejas en una olla y cúbralas con abundante agua fría. Añada la rama de apio, la cabeza de ajos, el romero y el laurel y cueza, sin tapar, unos 25 minutos. Compruebe la cocción de las lentejas en este punto, aunque puede que necesiten 10-15 minutos más de cocción: deben quedar tiernas pero conservar cierta firmeza. Escúrralas y páselas a un bol. Deseche el apio, el ajo, el romero y el laurel, que ya han realizado su función.

Mientras, precaliente el horno a la máxima temperatura. Cuando esté bien caliente, active el gratinador. Pinche las berenjenas dos veces con un cuchillo afilado pequeño para evitar que exploten. Póngalas en una bandeja de horno bajo el gratinador, con la puerta del horno cerrada, 20 minutos, dándoles la vuelta a media cocción, o hasta que la piel ennegrezca y la pulpa esté tierna. Retire del horno y reserve.

Ahora prepare la mayonesa. En un cuenco mediano, ponga las yemas y el zumo de limón y bata con la batidora eléctrica. Añada el aceite lentamente, sin dejar de batir. La mezcla espesará y se volverá más cremosa. Incorpore el pimentón ahumado y salpimiente al gusto. Reserve.

Añada la mitad de las hierbas a las lentejas con los tomates secos y 3 cucharadas de aceite, salpimiente al gusto y reserve.

Abra la berenjena por el centro, sin cortarla del todo. Rocíe con el aceite restante, el zumo de limón y el resto de hierbas. Salpimiente.

Pase las lentejas a una fuente grande y disponga las berenjenas encima o al lado. Sirva cada ración con una cucharada de mayonesa ahumada casera.

patatas estilo Hasselback
con lentejas verdes de Puy y beicon

INGREDIENTES

150 g de lentejas verdes
    de Puy, bien lavadas
1 kg de patatas harinosas
    grandes
40 g de mantequilla sin sal
2 cucharadas de aceite
    de oliva
1 cebolla, picada
8 dientes de ajo, en láminas
125 g de lonchas de beicon
125 ml de caldo de pollo
    caliente
200 ml de nata espesa para
    montar
Hojas de tomillo
Sal y pimienta negra recién
    molida

Uno de los maridajes de ingredientes más acertados es el de las lentejas con beicon, y yo he lo he llevado más allá añadiendo patatas estilo Hasselback y nata. Dichas patatas se asan al estilo sueco, y son un ingrediente fundamental que requiere poca habilidad, un horno caliente y una buena ocasión.

PREPARACIÓN 40 MINUTOS ✳ **COCCIÓN 1 HORA Y 30 MINUTOS** ✳ **6 RACIONES**

Precaliente el horno a 200 °C / 180 °C con ventilador / gas potencia 6.

Ponga las lentejas en una olla y cúbralas con abundante agua fría. Déjelas cocer unos 20-25 minutos a fuego medio-bajo hasta que queden tiernas pero aún conserven cierta firmeza. Escurra y reserve.

Mientras, prepare las patatas. Empezando por un extremo, córtelas en rodajas finas, de arriba abajo, pero sin llegar a cortarlas del todo. (Un buen truco consiste en colocar un palillo metálico a cada lado de la patata para que hagan de tope al cortar con el cuchillo: no hay que obtener rodajas separadas.)

Derrita la mantequilla y 1 cucharada del aceite en un cazo. Disponga las patatas en una fuente para el horno y úntelas con la mezcla de la mantequilla, procurando que penetre entre los cortes. Métalas en el horno y áselas 30 minutos.

Mientras, caliente el aceite restante en una sartén grande a fuego medio. Fría la cebolla y el ajo hasta que se ablanden. Retire la mezcla de la sartén y reserve mientras fríe el beicon. Cuando las tiritas de beicon estén crujientes, devuelva la cebolla a la sartén, junto con las lentejas cocidas. Vierta el caldo y la nata y cueza 5-8 minutos. Pruebe y rectifique de condimentos.

Saque las patatas del horno y sirva la mezcla cremosa de lentejas a su alrededor. Meta unas hojas de tomillo en las lentejas y muela pimienta negra por encima. Devuelva al horno y hornee 30-35 minutos más. Sirva inmediatamente.

pastel de brownie
con caramelo salado

PARA LA BASE

250 g de galletas tipo Digestive
   de chocolate negro
85 g de mantequilla con sal,
   derretida

PARA EL RELLENO

100 g de mantequilla sin sal
100 g de chocolate negro
   (mínimo 70 por ciento
   de cacao)
400 g de alubias negras en
   conserva, escurridas y
   lavadas
2 huevos camperos grandes
160 g de azúcar extrafino
   rubio
1 cucharada de melaza
70 g de harina blanca
50 g de cacao en polvo
1 cucharadita de extracto
   de vainilla

PARA EL CARAMELO SALADO

130 g de azúcar granulado
20 g de mantequilla sin sal
4 cucharadas de nata espesa
   para montar
2-3 gotas de extracto
   de vainilla
Una pizca de escamas de sal
3 cucharadas de purpurina
   comestible, para decorar

También es necesario un
   molde desmontable de
   24 cm de diámetro

La base de este pastel es de galleta con mantequilla derretida, y sobre ella se dispone el relleno de brownie. El caramelo salado es un extra frívolo, pero su familia y sus amigos lo apreciarán. Deje que el caramelo se enfríe del todo, preferiblemente toda la noche: se solidifica y se hunde en la capa inferior, con lo que el resultado es aún más delicioso.

PREPARACIÓN 45 MINUTOS ✳ COCCIÓN 35 MINUTOS ✳ 8-10 RACIONES

Precaliente el horno a 180 °C / 160 °C con ventilador / gas potencia 4.

Primero prepare la base. Triture las galletas en un procesador de alimentos hasta reducirlas a migas finas. Añada la mantequilla y triture de nuevo. Pase esta mezcla a un molde desmontable y presiónela con el dorso de una cuchara untada en aceite para que forme una base bien compacta. Hornee 10 minutos, luego reserve.

Para el relleno, lleve una olla mediana llena de agua a ebullición a fuego medio. Ponga el chocolate y la mantequilla en un cuenco y dispóngalo suspendido sobre la olla, sin que toque el agua. Derrítalos lentamente, removiendo de vez en cuando. Reserve para que se temple un poco.

Ponga las alubias en el vaso del procesador de alimentos y triture hasta obtener una pasta gruesa. Incorpore los huevos y el azúcar y siga triturando. Agregue el chocolate con mantequilla templado, la melaza, la harina, el cacao en polvo y la vainilla. Triture hasta obtener una pasta espesa. Vierta esta mezcla sobre la base de galleta y hornee 25 minutos. Saque del horno y deje enfriar en el molde.

Mientras, prepare el caramelo. Ponga el azúcar y 6 cucharadas de agua fría en un cazo mediano y deje que se disuelva a fuego medio, luego suba el fuego y hierva suavemente. No remueva en ningún momento, pero mueva el cazo ligeramente (para que el caramelo no cristalice por los lados). Cuando el caramelo adquiera un tono dorado oscuro, retírelo del fuego e incorpore la mantequilla. Con rapidez, vierta la nata y bata. Incorpore es extracto de vainilla y las escamas de sal marina. Con el brownie aún en el molde, vierta el caramelo por encima del chocolate ya frío y deje reposar toda una tarde o noche en un lugar fresco. Espolvoree con la purpurina comestible y sirva en porciones.

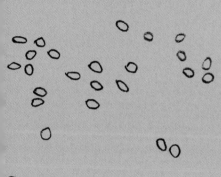

verdes

GUISANTE

✳

HABA

✳

JUDÍA VERDE

✳

ALUBIA VERDINA

✳

HABA DE SOJA

✳

JUDÍA MUNGO

✳

LENTEJA VERDE

✳

GUISANTE VERDE PARTIDO

strudel de guisante, patata y azafrán

INGREDIENTES

2 cucharadas de aceite
    de oliva
1 cebolla pequeña, picada
½ bulbo de hinojo pequeño,
    en láminas finas
2 dientes de ajo grandes,
    machacados
2 patatas harinosas
    medianas, peladas y
    cortadas en dados
    de 2-3 cm
Una pizquita de hebras
    de azafrán
250 ml de caldo vegetal
    caliente
200 g de guisantes
    congelados
Raspadura y zumo
    de 1 limón grande
    sin encerar
½ manojo de eneldo, las
    hojas picadas, y un poco
    más para decorar
60 g de mantequilla sin sal,
    derretida
6 láminas de pasta filo
50 g de queso Cheddar,
    rallado
Sal y pimienta negra recién
    molida

En esta versión del famoso strudel, la pasta filo, ligera como una pluma, encierra un relleno sabroso, suave y más consistente. En mi opinión, el azafrán es imprescindible, ya que aporta un sabor especial a la combinación de patata, chalota y guisante. Enrolle el strudel con seguridad: los movimientos rápidos sin titubeos suelen evitar que se rasgue la pasta y el relleno se salga.

PREPARACIÓN 35 MINUTOS ✳ COCCIÓN 1 HORA ✳ 6 RACIONES

Caliente el aceite en una sartén grande de base gruesa. Añada la cebolla y el hinojo con una pizca de sal y sofría a fuego medio, removiendo frecuentemente hasta que se doren, se ablanden y se peguen. Agregue el ajo, cocine 1 minuto para que suelte su aroma y entonces incorpore las patatas y el azafrán.

Vierta el caldo caliente sobre la mezcla y cueza, medio tapada, 20-25 minutos, o hasta que las patatas queden tiernas al pincharlas con un cuchillo. Aumente la potencia del fuego unos minutos para que el líquido sobrante se evapore: el relleno debe ser algo jugoso, pero sin llegar a empapar la pasta.

Retire la sartén del fuego e incorpore los guisantes congelados, la raspadura y el zumo de limón y 2 cucharadas de eneldo picado. Los guisantes se cocerán en el calor residual de la sartén. Deje que el relleno se enfríe del todo antes de usarlo.

Precaliente el horno a 180 °C / 160 °C con ventilador / gas potencia 4. Unte una hoja de papel vegetal grande con mantequilla derretida y disponga una lámina de pasta filo encima. Repita con las 6 láminas de filo, colocándolas una sobre otra, untándolas generosamente con mantequilla cada vez.

Ponga la mitad del relleno a lo largo sobre la pasta filo. Espolvoree con el queso y acabe con el resto de relleno. Envuelva para formar un rollo, con la unión en la parte inferior. Meta los extremos al ir enrollando. Pinte el strudel con un poco más de mantequilla, espolvoree con eneldo y hornee 20-25 minutos, o hasta que quede crujiente y dorado por encima. Compruebe la cocción al cabo de 10 minutos y decida si es necesario bajar un poco la temperatura; la pasta no debería estar aún tostada.

Retire del horno y deje que el strudel repose 5-10 minutos antes de servirlo en porciones gruesas.

ravioli de queso de cabra, limón y guisantes con pimienta rosa

PARA LA PASTA

200 g de harina tipo 00 (muy fina y de gran fuerza), y un poco más para espolvorear
2 huevos grandes
1 cucharadita escasa de aceite de oliva

PARA EL RELLENO

100 g de guisantes congelados
125 g de queso de cabra suave
1 yema de huevo mediano
15 g de parmesano, rallado
Raspadura de 1 limón sin encerar
20 g de mantequilla
1 cucharadita de granos de pimienta rosa, machacados
½ cucharada de hojas de eneldo picadas
Sal y pimienta negra recién molida

Los raviolis son a una cena romántica lo que un vestidito negro es a un armario italiano: algo simple, con estilo y bello. Esta receta no puede hacerse con prisas, el proceso de elaboración de la pasta debe disfrutarse casi tanto como la degustación del plato acabado. Un consejo: cierre bien los raviolis, porque no hay mayor decepción que ver cómo se escapa el relleno en la olla de agua hirviendo.

PREPARACIÓN 1 HORA ✳ COCCIÓN 10 MINUTOS ✳ 2 RACIONES

Primero prepare la pasta. Ponga la harina, los huevos y el aceite de oliva en el vaso del procesador de alimentos y triture para obtener unas migas sin restos de harina desprendidos. Forme una masa trabajando la mezcla con las manos y amase firmemente hasta que no sea pegajosa, sino elástica. Envuélvala en papel film transparente y déjela reposar en el frigorífico al menos 30 minutos.

Mientras, prepare el relleno. Lleve una olla mediana llena de agua a ebullición, añada los guisantes y cueza 3-5 minutos. Escurra y viértalos en un cuenco pequeño. Chafe ligeramente los guisantes con un tenedor antes de mezclarlos con el queso de cabra, la yema de huevo, el parmesano y la raspadura de limón. Salpimiente al gusto.

Una vez reposada, extienda la masa y pásela por una máquina de hacer pasta. Empiece con la posición más ancha y vaya reduciendo posiciones para crear dos láminas de pasta largas y delgadas. Páselas a una superficie de trabajo enharinada y utilice un cortapastas redondo para obtener 20 discos. Disponga una cucharada de relleno en el centro de 10 de los discos. Moje con un poco de agua los bordes de los discos, luego coloque encima los discos restantes. Presione los bordes con firmeza para sellar cada ravioli con el relleno dentro y deje reposar al menos 10 minutos.

Derrita la mantequilla en una olla mediana a fuego bajo-medio. Cocine hasta que forme espuma y empiece a dorarse. Debe oler como a galletas. Retire del fuego.

Lleve una olla grande de agua a ebullición. Sale abundantemente, luego introduzca los raviolis en el agua removiendo para que no se peguen unos a otros. Cuézalos 3 minutos, luego escúrralos y mézclelos con cuidado con la mantequilla dorada. Reparta en dos boles y espolvoree con la pimienta y el eneldo. Sirva inmediatamente.

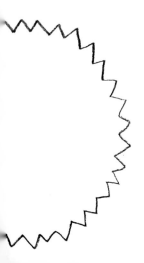

pollo asiático especiado con puré de guisante y wasabi y zanahorias encurtidas

INGREDIENTES

1 pollo mediano campero, con las patas atadas
2 limas, cortadas por la mitad
1 cabeza de ajos, cortada por la mitad en horizontal
1 chile rojo, picado
1 tallo de caña de limón, con la parte interior troceada
2 estrellas de anís
3 clavos de olor
1 cucharadita de comino
1 cucharadita de jengibre en polvo
3 granos de pimienta negra
3 cucharadas de aceite de girasol o vegetal
Sal y pimienta negra recién molida

Un puñado de brotes de alfalfa, para servir (opcional)

PARA LAS ZANAHORIAS

3 zanahorias, peladas
70 ml de vinagre de vino de arroz
1 cucharada de azúcar extrafino
½ cucharadita de semillas de cilantro
½ cucharadita de semillas de mostaza

PARA EL PURÉ DE GUISANTES

600 g de guisantes congelados
3 cucharadas de leche fría
3 cucharadas de pasta de wasabi

El pollo asado: icónico, siempre sale bien y siempre gusta, pero a menudo resulta demasiado previsible. Esta versión lo anima un poco y acompaña el pollo de especias asiáticas, un delicioso puré de wasabi y zanahorias encurtidas.

PREPARACIÓN 40 MINUTOS ✳ **COCCIÓN 1 HORA Y 30 MINUTOS** ✳ **5-6 RACIONES**

Precaliente el horno a 200 °C / 180 °C con ventilador / gas potencia 6.

Ponga el pollo en una fuente de horno grande. Rellene el pollo con una lima cortada por la mitad y disponga el resto de mitades en la fuente, alrededor del ave, junto con el ajo. Triture el chile y la caña de limón en el vaso del procesador de alimentos y reserve. Muela juntos el anís, los clavos, el comino, el jengibre y los granos de pimienta en un molinillo de café o especias o en el mortero hasta obtener un polvo. Mezcle las especias con la mezcla del pimiento y unte con ello la piel del pollo. Rocíe con el aceite, salpimiente al gusto y áselo en el centro del horno durante una hora, momento en que la piel debe estar crujiente y los jugos deben salir claros al pinchar la parte más gruesa de la carne del pollo. Deje reposar 10 minutos.

Mientras, corte las zanahorias en láminas con un pelador de verduras. Caliente el vinagre, el azúcar y 125 ml de agua en un cazo. Deje que el azúcar se disuelva y lleve a una suave ebullición. Retire del fuego y añada las semillas de cilantro y mostaza. Ponga las zanahorias en un cuenco pequeño o tarro esterilizado. Vierta sobre ellas el líquido, dando la vuelta a las láminas de zanahoria para que se impregnen, y deje templar al menos 30 minutos, o más si es posible.

Para el puré, lleve una olla mediana llena de agua a ebullición y añada los guisantes. Baje el fuego para que se mantenga un hervor suave y cueza 10 minutos. Escurra y triture para obtener un puré. Ajuste la consistencia añadiendo la leche gradualmente. Incorpore el wasabi y condimente al gusto. Mantenga caliente.

Escurra las zanahorias y dispóngalas en una bandeja con el puré y el pollo asado. Sirva con la alfalfa germinada por encima, si la usa.

huevos con jamón, espinacas, guisantes y menta

INGREDIENTES

300 g de guisantes
   congelados

2 cucharadas de aceite
   de oliva

3 chalotas alargadas
   grandes, en cuartos

2 dientes de ajo, chafados

150 g de hojas tiernas
   de espinacas

Una pizca de nuez moscada
   molida

140 ml de nata espesa para
   montar

4 cucharadas de perejil
   troceado

4 cucharadas de menta
   troceada

4 huevos

3 lonchas grandes de jamón,
   rasgadas

Sal y pimienta negra recién
   molida

Pan de masa madre, para
   servir

Cuando una receta se elabora con poco esfuerzo y preparación, cuando gusta a adultos y niños por igual y cuando todo lo que se precisa es una sartén, huelga decir que es una buena receta. Retire del fuego los huevos cuando la yema esté todavía algo líquida y presente el plato con pan caliente, listo para mojar.

PREPARACIÓN 10 MINUTOS ✳ **COCCIÓN 25 MINUTOS** ✳ **4 RACIONES**

Lleve a ebullición una olla mediana llena de agua, añada los guisantes y cueza 3 minutos, no más. Escurra y reserve.

Caliente el aceite en una sartén de base gruesa a fuego medio. Añada las chalotas y cueza 4-6 minutos, hasta que tomen color. Agregue el ajo y cueza 1 minuto más.

Añada los guisantes a la sartén y cháfelos ligeramente con el dorso de una cuchara. Agregue las espinacas, tape la sartén 2 minutos o hasta que las espinacas se ablanden (si la sartén no dispone de tapa, improvise con una bandeja de horno). Incorpore la nuez moscada, la nata y la mitad de las hierbas. Cueza la mezcla 3 minutos, removiendo de vez en cuando. Salpimiente al gusto.

Baje el fuego, forme cuatro hoyos en la mezcla de guisantes y espinacas y rompa un huevo en cada uno. Incorpore el jamón a la sartén. Tape y cueza 10-12 minutos o hasta que las claras de los huevos cuajen. Espolvoree con el resto de hierbas y sirva con pan de masa madre crujiente.

pastel de habas, lacón y mostaza en grano

INGREDIENTES

2 lacones (o 1 si es muy
   grande: necesitará
   alrededor de 500 g
   de carne)
2 hojas de laurel
1 cucharadita de granos
   de pimienta negra
220 g de habas (sin vaina)
1 ½ cucharadas de mostaza
   de grano entero
150 ml de nata para cocinar
1 cucharadita de semillas
   de cilantro, chafadas
4 cucharadas de pepinillos
   en vinagre troceados
1 cucharada de harina blanca
½ manojo de perejil,
   troceado
300 ml de sidra
1 huevo mediano, batido
Sal y pimienta negra recién
   molida

PARA LA MASA

175 g de harina blanca
Una pizquita de sal
150 g de mantequilla,
   en dados
90 ml de nata agria
1 cucharada de semillas
   de amapola

También se precisa
   una tartera de 26 cm
   de diámetro

El económico lacón es la clave de esta receta y, junto con los pepinillos picantes y la nata, da como resultado es un pastel para chuparse los dedos. El relleno cremoso queda dentro de una masa densa glaseada y espolvoreada con semillas de amapola.

PREPARACIÓN 40 MINUTOS + 1 HORA DE REFRIGERACIÓN
✶ **COCCIÓN 4 HORAS** ✶ **6 RACIONES**

Ponga el lacón, el laurel y los granos de pimienta en una olla grande. Cubra generosamente con agua fría y lleve a ebullición. Tape y cueza 3 horas hasta que quede tierno. Vigile el agua y vaya añadiendo de vez en cuando, a medida que sea necesario. Cuando el lacón esté cocido, retírelo de la olla. Separe la carne del hueso: lo más fácil es hacerlo con las manos. Desprenda trozos grandes de carne y trocéelos.

Lleve a ebullición otra olla con agua y sal. Añada las habas y cueza 5-6 minutos. Escurra y reserve.

Para la masa, ponga la harina, la sal y la mantequilla en el procesador de alimentos y triture. Si no, mezcle la harina con la mantequilla en un cuenco con las manos. Añada la nata agria y triture 2-3 segundos o remueva a mano. Forme una bola, envuélvala en papel film y refrigere 30 minutos.

Elija un bol bien grande y mezcle el lacón, las habas, la mostaza, la nata, las semillas de cilantro, los pepinillos, la harina y el perejil. Ponga la sidra en un cazo a fuego medio y deje que reduzca a la mitad. Temple un poco para añadirla al lacón. Salpimiente al gusto.

Vacíe el relleno en una tartera de 26 cm y pinte el borde con un poco de huevo batido. Extienda la masa hasta darle un grosor de 0,25 cm y póngala sobre el relleno. Doble los bordes de la masa para fijarla al borde de la tartera, pinte la superficie con más huevo batido y refrigere 30 minutos.

Mientras, precaliente el horno a 180 °C / 160 °C con ventilador / gas potencia 4. Saque el pastel del frigorífico, glaséelo con huevo y espolvoree con semillas de amapola. Hornee en el centro del horno 30-35 minutos hasta que la masa se dore y vea que el relleno burbujea. Deje reposar unos minutos antes de servir.

✳CONSEJO

También puede utilizar
200 g de habas secas,
remojadas toda la noche.
Simplemente, póngalas en
una olla grande con agua
salada y lleve a ebullición
a fuego fuerte, luego
bájelo para mantener
un hervor suave y cueza
25-30 minutos o hasta que
las habas estén al dente.

espaguetis con panceta crujiente y habas

INGREDIENTES

250 g de habas frescas, en la vaina
8 lonchas finas de panceta
400 g de espaguetis secos
70 g de parmesano, rallado
4 yemas de huevo, algo batidas
Raspadura de 1 limón sin encerar
2 cucharadas de perejil picado
Aceite de oliva para rociar (opcional)
Sal marina y pimienta negra recién molida

Con demasiada frecuencia llega la hora de la cena y el frigorífico está vacío; en tales casos, esta técnica para enriquecer una salsa para pasta es un truco útil. Siempre tengo pasta en la despensa y también suelo disponer de huevos. Simplemente, se trata de mezclar las yemas de los huevos, el queso curado rallado y el agua de cocción de la pasta, incorporarlo a la receta y añadir el resto de ingredientes. Esta combinación de habas tiernas con hierbas estivales y panceta salada es ideal.

PREPARACIÓN 25 MINUTOS ✳ **COCCIÓN 10 MINUTOS** ✳ **4 RACIONES**

Lleve una olla mediana llena de agua con sal a ebullición. Añada las habas y cueza 3 minutos. Escurra, abra las vainas y con el pulgar haga saltar las habas del interior. Pele la piel gris. Esta doble preparación puede parecer laboriosa, pero mejora mucho tanto el aspecto como el sabor del plato. Reserve.

Coloque una sartén a fuego medio-alto y fría la panceta 4-5 minutos hasta que se dore y quede crujiente: no necesita aceite, basta la grasa de la panceta. Una vez cocida, disponga las lonchas sobre papel de cocina para retirar el exceso de grasa. Rómpalas en trocitos.

Lleve a ebullición una olla grande llena de agua con sal y añada los espaguetis. Baje el fuego un poco y cueza 7 minutos o hasta que la pasta esté al dente. Escurra, reservando un poco del agua de la cocción. Devuelva los espaguetis a la olla junto con un cucharón del agua de cocción, el parmesano, las yemas de huevo y la raspadura de limón. Mézclelo todo hasta que el agua, el queso y las yemas empiecen a emulsionar y formen una salsa que impregne los espaguetis. Si no hay suficiente salsa, añada otro cucharón de agua de cocción. Incorpore las habas, la mitad de la panceta y el perejil. Sale.

Reparta la pasta en boles calientes, acabe con el resto de panceta y un chorrito de aceite, si lo desea. Sirva inmediatamente.

ensalada de trucha ahumada, habas y freekeh

INGREDIENTES

200 g de freekeh integral
4 dientes de ajo, partidos por la mitad
150 g de habas (sin vaina)
1 rama de apio, en rodajas finas
75 g de nueces, tostadas y troceadas (reserve algunas enteras para decorar)
½ manojo de perejil de hoja rizada, picado
2 filetes pequeños de trucha ahumada, desmenuzados en trozos grandes
Sal y pimienta negra recién molida

PARA EL ALIÑO

2 dientes de ajo pequeños, machacados
3 cucharadas de aceite de oliva

Zumo de ½ limón
1 cucharada de miel líquida
1 cucharada de vinagre de sidra

Me da la sensación de haberme pasado la mayor parte de los treinta a los cuarenta años embarazada, y con cada bebé me conciencio más de lo importante que es comer bien para conservar la energía. Para mí, esta ensalada es perfecta, por los aceites esenciales del pescado ahumado y la energía de liberación lenta del freekeh. La ensalada se completa con las dulces habas y el aliño, algo ácido.

PREPARACIÓN 20 MINUTOS ✳ COCCIÓN 25 MINUTOS ✳ 4-6 RACIONES

Lleve a ebullición una olla mediana llena de agua, y añada el freekeh y el ajo. Cuando hierva de nuevo, tape la olla y baje el fuego. Cueza suavemente 15-20 minutos o hasta que los granos estén al dente y el ajo blando. Escurra el freekeh, deseche los ajos y reserve.

Mientras, lleve a ebullición una olla pequeña con agua salada y añada las habas. Cueza 3-4 minutos, luego escurra y échelas a un cuenco con agua helada. Deje templar un poco antes de pelar la piel gris de las habas.

Para el aliño, mezcle todos los ingredientes, o póngalos en un tarro de mermelada con tapa hermética y agítelo vigorosamente. Pruebe y rectifique de condimentos según su gusto.

Vierta el freekeh caliente en un cuenco grande con las habas, el apio, las nueces y el perejil, y mezcle con cuidado. Agregue la trucha y salpimiente. Páselo todo a una fuente de servir y rocíelo con el aliño. Espolvoree con las nueces reservadas y sirva.

✳CONSEJO

El grano cocido se conserva bien algo más de una semana en el frigorífico, de modo que suelo cocinar más del que preciso a fin de disponer de una cantidad adicional para incorporar a sopas o ensaladas a lo largo de la semana.

judías verdes fritas
a la portuguesa

INGREDIENTES

500 g de judías verdes,
    limpias, cortadas y sin
    hilos
2 litros de aceite vegetal
    de sabor neutro (como
    el de girasol), para freír

PARA EL REBOZADO

100 g de harina blanca
1 cucharadita de sal
2 huevos, algo batidos

PARA LA SALSA DE YOGUR

2 cucharaditas de semillas
    de cilantro
100 ml de yogur natural
Raspadura y zumo de
    ½ limón sin encerar
1 cucharada de hojas
    de eneldo picadas
1 cucharada de perejil picado
Sal y pimienta negra recién
    molida

Esta es una receta con siglos de antigüedad, conocida en portugués como *peixinhos da horta*, que significa literalmente «pescaditos del huerto», ya que las judías acaban pareciendo coloridos trocitos de pescado. Sirva con yogur a las hierbas como modesto pero efectivo aperitivo.

PREPARACIÓN 20 MINUTOS ✳ COCCIÓN 15 MINUTOS ✳ 3-4 RACIONES COMO GUARNICIÓN

Primero prepare el rebozado. Eche la harina y la sal en un cuenco grande. Añada 175 ml de agua fría poco a poco y mezcle con la harina mientras lo hace, luego agregue los huevos. Bata con una cuchara de madera o con un batidor hasta que la mezcla quede homogénea –no pasa nada si queda algún grumo–, pero sin pasarse. Deje reposar esta pasta.

Para la salsa, tueste las semillas de cilantro en una sartén en seco, luego páselas a un bol pequeño resistente. Con el extremo de un rodillo, machaque las especias antes de añadirles el yogur, la raspadura y el zumo de limón y las hierbas picadas. Condimente ligeramente y reserve.

Lleve a ebullición una olla grande llena de agua con sal. Añada las judías a la olla y cueza 4 minutos. Escurra, ponga las judías bajo un chorro de agua fría para detener la cocción. Seque con papel de cocina y reserve.

Vierta suficiente aceite para llenar una sartén de base gruesa hasta una profundidad de unos 6 cm y caliéntela a fuego medio-alto. Para comprobar si el aceite está caliente, eche un dadito de pan: si se forman burbujas inmediatamente, el aceite está listo. Pase las judías por la pasta del rebozado una a una y con cuidado sumérjalas en el aceite. Hágalo por tandas para no llenar demasiado la sartén. Cuando las judías se doren, retírelas del aceite con una espumadera y dispóngalas sobre papel de cocina. Repita con el resto de judías, y deseche la pasta de rebozado que sobre. Sirva las judías con la salsa para mojar.

ensalada de salmón, avellanas y judías verdes

INGREDIENTES

Aceite de oliva, para engrasar

4 filetes de salmón de 200 g, con piel

400 g de judías verdes, despuntadas

½ manojito de menta, las hojas troceadas

3 cucharadas de hojas de eneldo

100 g de avellanas, con piel, troceadas

150 g de requesón

Sal y pimienta negra recién molida

PARA EL ALIÑO

2 cucharadas de aceite de oliva

1 cucharada de vinagre de sidra

Raspadura de 1 limón sin encerar y zumo de ½

1 cucharadita de mostaza de Dijon

Comimos este salmón en Pascua: me apetecía variar del tradicional asado y esta bonita y ligera receta me pareció que encajaba. No es complicada: el salmón se asa con limón y condimento, y se sirve sobre unas judías escaldadas. Haga el aliño tan ácido como le guste, ya que constituye una nota que complementa el requesón.

PREPARACIÓN 15 MINUTOS ✳ **COCCIÓN 25-30 MINUTOS** ✳ **4 RACIONES**

Precaliente el horno a 200 °C / 180 °C con ventilador / gas potencia 6. Engrase con un poco de aceite la base de una fuente para el horno lo bastante grande para contener los filetes de salmón, y dispóngalos en ella. Salpimiente bien el pescado y áselo 18-20 minutos. El tiempo dependerá del grosor de los filetes, pero procure no cocerlos en exceso.

Mientras, prepare el aliño mezclando el aceite, el vinagre de sidra, la raspadura y el zumo de limón y la mostaza en un tarro. Ciérrelo bien y agítelo hasta que se combine todo bien.

Lleve una olla grande con agua a un hervor suave. Corte las judías en diagonal, de unos 2-3 cm de largo. Viértalas en el agua y cueza unos 7 minutos hasta que estén tiernas pero sigan firmes. Escurra y refrésquelas bajo un chorro de agua fría para detener la cocción. Páselas a un bol y rocíelas con el aliño y las hierbas. Mezcle bien.

Tueste las avellanas en una sartén en seco a fuego medio-alto.

Disponga las judías aliñadas sobre una bandeja y compleméntelas con cucharadas de requesón. Coloque encima el salmón y espolvoree con las avellanas tostadas.

tortilla de Cheddar ahumado, cebollino y judías verdes

INGREDIENTES

350 g de patatas nuevas,
    bien lavadas
200 g de judías verdes,
    en trozos de 2-3 cm
8 huevos camperos grandes
2 cucharadas de cebollino
    picado
3 cucharadas de perejil
    picado
2 cucharadas de albahaca
    picada
Un chorrito de aceite
    de oliva
100 g de Cheddar ahumado,
    rallado

Esta tortilla es más bien una frittata, una especie de tortilla recia que puede prepararse la vigilia, envolverla y llevarla en la cesta del picnic. Como ocurre en muchas recetas con huevo, el sabor lo aportan los ingredientes añadidos, de modo que conviene elegir los que vayan a resultar sabrosos. Mi truco es usar queso ahumado, ya que casa con el huevo.

PREPARACIÓN 10 MINUTOS ✳ COCCIÓN 40-45 MINUTOS ✳ 4-6 RACIONES

Lleve a ebullición una olla llena de agua con sal a fuego medio-alto. Añada las patatas y cueza 15 minutos, sin tapar, antes de agregar las judías y dejar cocer otros 5-6 minutos. Escurra y reserve. En cuanto las patatas se enfríen y puedan manipularse, córtelas en rodajas.

Bata los huevos con la mitad de las hierbas en un bol. Precaliente el gratinador a potencia media-alta.

Caliente el aceite de oliva en una sartén grande de base gruesa y añada las patatas. Cueza a fuego medio-alto 10-15 minutos hasta que se doren las rodajas. Agregue las judías y mezcle con cuidado. Vierta encima la mezcla de huevo. Espolvoree el queso por encima y el resto de hierbas. Cueza a fuego bajo 10-14 minutos, luego páselo al gratinador 10-15 minutos más para que se cocine del centro y se dore por encima.

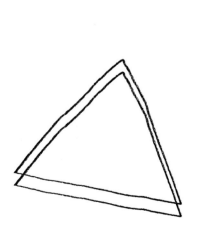
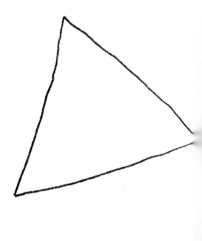

coliflor y alubia verdina
al queso con aceite de trufa

INGREDIENTES

1 coliflor grande, sin hojas
y con el tallo recortado

1-2 cucharadas de aceite
de trufa virgen extra

40 g de mantequilla sin sal

40 g de harina blanca

Una pizca de mostaza en
polvo

Una pizca de cayena

350 ml de leche entera

400 g de alubias verdinas
en conserva, escurridas
y lavadas

2 cucharadas de perejil
troceado

75 g de queso Cheddar
curado, rallado

Sal y pimienta negra recién
molida

Se consigue un gran impacto con bien poco aceite de trufa. La clásica coliflor con queso se embellece con un lecho de alubias blandas y un toque de trufa. Una pieza central asombrosa en la mesa familiar, ideal para un día de invierno.

PREPARACIÓN 20 MINUTOS ✳ **COCCIÓN 45 MINUTOS**
✳ **4 RACIONES O 6 COMO ACOMPAÑAMIENTO**

Precaliente el horno a 180 °C / 160 °C con ventilador / gas potencia 4.

Lleve a ebullición una olla grande llena de agua con sal y ponga la coliflor entera en el agua. Hierva 15 minutos, girándola a media cocción, antes de retirar del agua. Dispóngala sobre una fuente de horno. Mientas la coliflor esté caliente, rocíela con el aceite de trufa y deje que se impregne de su sabor.

Mientras, prepare la salsa de queso. Derrita la mantequilla en un cazo a fuego medio, luego incorpore la harina, la mostaza y la cayena, y remueva. Siga cociendo 2 minutos, luego gradualmente incorpore la leche. Siga removiendo a fuego bajo hasta que espese la salsa. Salpimiente al gusto.

Retire la salsa del fuego y con cuidado incorpore las alubias, el perejil y la mitad del queso. Pruebe de condimento.

Vierta la salsa de queso sobre la coliflor, de modo que las alubias se amontonen en la base de la fuente. Espolvoree el resto del queso sobre la coliflor. Hornee en el centro del horno 25-30 minutos hasta que burbujee y se dore.

alubia verdina con espárragos y requesón

INGREDIENTES

Una nuez grande
  de mantequilla
1 cucharada de aceite
  de oliva
3 chalotas, en láminas
3 dientes de ajo, en láminas
1 chile verde pequeño, sin
  semillas y picado
100 ml de vino blanco
400 g de alubias verdinas
  en conserva, escurridas
  y lavadas
Un puñadito de perejil,
  troceado
80 g de puntas de
  espárragos
250 g de requesón
1 huevo mediano, algo
  batido
100 g de tomates cherry,
  partidos por la mitad

PARA SERVIR

Un poco de parmesano
  rallado
Un chorrito de aceite
  de oliva

Una apetitosa receta sencilla que será su as en la manga cuando solo disponga de 10 minutos para cocinar. Sírvala como acompañamiento de una ensalada verde o compleméntela con un pescado ahumado para cenar.

PREPARACIÓN 10 MINUTOS ✳ **COCCIÓN 30 MINUTOS** ✳ **4 RACIONES**

Precaliente el horno a 180 °C / 160 °C con ventilador / gas potencia 4.

Caliente la mantequilla y el aceite en una sartén grande a fuego medio. Añada las chalotas y el ajo a la sartén. Deje que se ablanden unos minutos antes de agregar el chile verde. Siga cociendo hasta que todo quede blando y las chalotas estén casi translúcidas. Vierta el vino blanco y cueza hasta reducirlo a la mitad antes de echar a la sartén las alubias verdinas. Añada el perejil. Remuévalo todo para que los ingredientes se mezclen bien.

Mientras, lleve a ebullición una olla pequeña llena de agua y añada las puntas de los espárragos. Escáldelos 3-4 minutos hasta que se ablanden, luego escurra e inmediatamente páselos bajo el grifo de agua fría para detener la cocción. Agregue los espárragos a las alubias.

Con cuidado, mezcle el requesón con el huevo batido en un cuenco para formar una pasta espesa. Vierta los espárragos y las alubias en una fuente para el horno y disponga encima la mezcla de requesón, dejando espacios donde se vean las verduras. Coloque los tomates cherry por encima, métalo todo en el horno y hornee 25 minutos. Saque del horno y sirva con un poco de parmesano rallado y un chorrito de aceite.

salsa para picar de alubia verdina y alcachofa con especias tostadas

INGREDIENTES

400 g de alubias verdinas en conserva, escurridas y lavadas

390 g de corazones de alcachofa en conserva, escurridos

1 diente de ajo

Zumo de 1 limón

3 cucharadas de aceite de oliva

1 cucharadita de semillas de cilantro

1 cucharadita de semillas de comino

1 cucharadita de especias garam masala

Sal y pimienta negra recién molida

Pan de pita tostado, para servir

Un bol caliente de este puré acompaña a la perfección una pata de cordero al horno. Puede prepararlo con otras legumbres, no veo por qué no iba a quedar bien con alubias de manteca u otro tipo de judías blancas.

PREPARACIÓN 10 MINUTOS ✳ COCCIÓN 5 MINUTOS ✳ 6-8 RACIONES

Ponga las alubias verdinas, los corazones de alcachofa, el ajo y el zumo de limón en el vaso del procesador de alimentos y triture hasta obtener una pasta homogénea, añadiendo más zumo de limón si es necesario. Páselo a un bol y condimente al gusto.

Caliente un poco del aceite en una sartén a fuego fuerte. Añada las especias y fría para que liberen su aroma: no tardarán más de 1-2 minutos. Retire del fuego e incorpore el resto del aceite.

Practique un hoyo generoso en el puré y vierta en él el aceite con las especias calientes. Sirva con pan de pita tostado para mojar en la salsa.

ensalada de edamame, quinoa, aguacate y tomate asado

INGREDIENTES

300 g de tomates cherry,
de colores si es posible
2 cucharadas de aceite
de oliva
250 g de quinoa
150 g de habas edamame,
frescas o congeladas
1 aguacate maduro, cortado
por la mitad, sin hueso,
pelado y en láminas
2 cucharadas de hojas
de eneldo picadas
½ cucharadita de sal marina
1 cucharadita de semillas
de amapola
Sal y pimienta negra recién
molida

Asar los tomates cherry da un resultado espléndido. Las diminutas esferas rojas, dulces de por sí, se vuelven incluso más dulces en el horno y se encogen con el calor. Sus jugos son el primer paso del aliño para la quinoa, potenciados con el aceite de oliva.

PREPARACIÓN 15 MINUTOS ✳ COCCIÓN 20 MINUTOS ✳ 4 RACIONES

Precaliente el horno a 180 °C / 160 °C con ventilador / gas potencia 4. Extienda los tomates sobre una bandeja de horno y rocíelos con el aceite. Condimente y ase 8-10 minutos hasta que la piel se abra.

Mientras, cocine la quinoa. Lleve a ebullición 500 ml de agua con sal, agregue la quinoa, cueza unos 12 minutos y, a media cocción, añada las habas edamame. Escurra y pase a un cuenco grande. Con cuidado, con la ayuda de una cuchara de metal, incorpore la mayor parte de los tomates calientes (dejando unos cuantos para el final). Añada el aguacate y el eneldo. Espolvoree con la sal.

Sirva la ensalada tibia sobre una fuente o un gran bol con los tomates reservados y las semillas de amapola por encima.

sopa vietnamita de albóndigas y edamame

PARA LAS ALBÓNDIGAS

500 g de carne de cerdo picada

Un trozo del tamaño de un pulgar de jengibre, pelado y rallado

2 dientes de ajo, machacados

½ cucharada de salsa de pescado

1 cucharada de miel líquida

½ chile rojo, picado

1 cucharada de aceite de sésamo

5 cucharadas de salsa de ciruelas

Sal y pimienta negra recién molida

PARA EL CALDO

2 litros de caldo de pollo

1 ½ cucharadas de salsa de pescado

5 hojas de lima kaffir

1 tallo de caña de limón, chafado

1 rama de canela

½ chile rojo

150 g de fideos finos de arroz

170 g de habas edamame congeladas

PARA DECORAR

Un manojito de albahaca tailandesa

Un manojito de menta

8 rábanos, en rodajas finas

½ chile rojo, en rodajas

1 cucharada de semillas de sésamo negro (opcional)

Cuñas de lima, para servir

Estas sencillas albóndigas, elaboradas con carne picada de cerdo, se hacen con salsa dulce de ciruelas y se sirven sobre abundantes hortalizas y resbaladizos fideos asiáticos. Para comer —o sorber— en boles como si nadie nos oyera y disfrutar de su fresco y vívido sabor.

PREPARACIÓN 40 MINUTOS ✳ COCCIÓN 40 MINUTOS ✳ 4 RACIONES

Primero prepare las albóndigas. Ponga la carne picada en un cuenco grande y desmenúcela con las manos. Añada el jengibre y el ajo seguidos de la salsa de pescado, la miel y el chile. Salpimiente y mezcle bien hasta que quede todo combinado. Divida la masa en 12 bolas iguales y refrigere hasta su uso.

A continuación, prepare la sopa. Ponga el caldo, la salsa de pescado, las hojas de lima, la caña de limón, la canela y el chile en una olla grande a fuego medio. Lleve a ebullición, luego baje el fuego para mantener un hervor suave y cueza 20 minutos. Deseche las hojas de lima, la caña de limón, la canela y el chile. Suba el fuego, añada los fideos de arroz y las habas a la olla y cueza 7 minutos. Mantenga caliente hasta el momento de servir.

Caliente el aceite de sésamo en una sartén grande de base gruesa a fuego medio. Dore las albóndigas, haciéndolas rodar de vez en cuando para que se doren uniformemente. Tape la sartén y deje a fuego moderado hasta que se cuezan por dentro: unos 10 minutos. Mientras, caliente suavemente la salsa de ciruela en un cazo 3 minutos o hasta que adopte la consistencia de un sirope. Escurra las albóndigas sobre papel de cocina para eliminar el exceso de aceite. Mezcle las albóndigas y la salsa de ciruela en una bandeja hasta que las albóndigas queden bien impregnadas y pegajosas.

Con unas pinzas, reparta los fideos entre cuatro boles hondos, bañe con la sopa e incorpore las albóndigas. Decore con la albahaca, la menta, los rábanos, el chile y las semillas de sésamo negro. Condimente con un buen chorro de zumo de lima y sirva.

*CONSEJO
Hacer rodar las limas sobre la superficie
de trabajo facilita la extracción de todo
su jugo.

pastel de pollo al limón con puré de guisantes

INGREDIENTES

6 contramuslos de pollo
 sin piel ni hueso
1 cabeza de ajos grande,
 cortada horizontalmente
 por la mitad
1 limón sin encerar, en
 cuartos
Un manojo de cebolletas,
 limpias y cortadas en dos
1 calabacín grande, cortado
 por la mitad a lo largo
 y luego en medias lunas
 de 1 cm
2 cucharadas de aceite
 de oliva
100 ml de nata para cocinar
100 ml de caldo vegetal
 caliente
15 g de menta, troceada
Sal y pimienta negra recién
 molida

PARA EL PURÉ

500 g de patatas blancas
 harinosas, peladas y
 cortadas en trozos grandes
200 g de guisantes
 congelados
2 cucharadas de mantequilla
 sin sal
1 diente de ajo, troceado

PARA DECORAR

1 cucharada de perejil
 troceado
1 cucharadita de granos
 de pimienta rosa,
 machacados

Con más frecuencia de la deseada, en el Reino Unido los meses de abril y mayo son fríos. Por la noche apetece una cena caliente para tomar dentro de casa. El relleno de este pastel es predominantemente asado en el horno y luego cubierto con un suave puré de guisantes y patata, antes de volver al horno, de modo que es fácil para el cocinero.

PREPARACIÓN 40 MINUTOS ✳ COCCIÓN 1 HORA Y 25 MINUTOS ✳ 6 RACIONES

Precaliente el horno a 200 °C / 180 °C con ventilador / gas potencia 6.

Ponga el pollo, el ajo, el limón, las cebolletas y el calabacín en una fuente grande para el horno con el aceite. Condimente bien y ase justo hasta que se dore, 30-35 minutos, dándole la vuelta una vez a media cocción. Retire del horno y reserve para que se temple.

Mientras, prepare el puré. Ponga las patatas en una olla grande de agua y lleve a ebullición. Cueza unos 20 minutos o hasta que estén tiernas. Añada los guisantes y siga cociendo 4-5 minutos. Escurra y chafe para obtener un puré de textura tosca. Incorpore la mantequilla y el ajo, luego salpimiente bien.

Cuando el pollo esté lo bastante frío para manipularlo, desmenúcelo en trocitos. Exprima la pulpa de los ajos asados e incorpórela junto con los jugos del limón en la mezcla de pollo y verduras. Añada la nata, el caldo de pollo y la menta. Pruebe y rectifique de condimento.

Monte el pastel disponiendo el relleno en una fuente apta para el horno y cubriéndolo con el puré. Ahora, el pastel puede enfriarse por completo y conservarse 1-2 días en el frigorífico hasta su uso.

Cuando vaya a cocinarlo, baje la temperatura del horno a 180 °C / 160 °C con ventilador / gas potencia 4. Hornee el pastel 40-45 minutos, hasta que el relleno esté bien caliente. Justo antes de servir, póngalo bajo el gratinador 5 minutos para dorar el puré. Espolvoree con perejil y pimienta rosa y sírvalo.

✳CONSEJO

No caiga en la tentación de utilizar nata con bajo contenido graso, ya que tiende a cortarse con la cocción.

ensalada de judía mungo con cangrejo

INGREDIENTES

100 g de judía mungo
    germinada
½ chile rojo, sin semillas
    y picado
3 cucharadas de cebollino
    picado
1 cebolleta, picada
1 cangrejo aliñado

PARA EL ALIÑO

2 cucharadas de aceite
    de oliva ligero
Raspadura y zumo de 1 lima
    grande
Un trozo del tamaño del
    pulgar de jengibre, pelado
    y rallado fino
Un chorrito de miel líquida

Cuando se vive en la ciudad, no se dispone de muchas ocasiones para cultivar hortalizas, de modo que aprender a crear una alternativa al huerto, utilizando tarros de cristal, resulta un placer inesperado. En esta receta, la carne de cangrejo se raciona y se mezcla con germinados frescos y un aliño picante para elaborar una elegante ensalada.

PREPARACIÓN 12 MINUTOS ✳ **2-3 RACIONES**

Para el aliño, combine el aceite, la raspadura y el zumo de lima, el jengibre y la miel hasta lograr una mezcla homogénea. Reserve hasta su uso.

En un cuenco grande, mezcle las judías germinadas, el chile, el cebollino y la cebolleta. Con cuidado, añada la carne de cangrejo y el aliño. Sirva en platos con bruschetta italiana como almuerzo ligero o entrante.

pollo con judía mungo, jamón y romero

INGREDIENTES

250 g de judía mungo seca, remojada toda la noche y escurrida

4 ramas de romero, y 1 cucharada de hojas troceadas

3 dientes de ajo, chafados

4 cucharadas de aceite de oliva

Zumo de 1 limón

4-6 contramuslos de pollo, con piel pero sin hueso, o 4 muslos

6 chalotas alargadas, cortadas por la mitad a lo largo

200 ml de caldo vegetal caliente

6 lonchas de jamón curado

Sal y pimienta negra recién molida

Esta es una de esas recetas sencillas que permite experimentar a voluntad. Se puede preparar con otras variedades de judías y un poco de nata para enriquecer el plato. Mi otro consejo es cocer las judías mungo hasta que queden más que tiernas: así absorberán más jugo de cocción en el horno.

PREPARACIÓN 20 MINUTOS + 1 NOCHE DE REMOJO ✳ COCCIÓN 1 HORA ✳ 4 RACIONES

Cubra las judías mungo remojadas abundantemente con agua fría, al menos el doble de su volumen. Añada la mitad de las ramas de romero y el ajo a la olla y lleve a ebullición fuerte, luego baje el fuego para mantener un hervor suave, espumando la superficie de vez en cuando, y cueza lentamente 20-25 minutos. Una vez cocidas, escúrralas, deseche las ramas de romero e incorpore el ajo, 2 cucharadas del aceite y el zumo de limón. Condimente al gusto y mantenga calientes.

Precaliente el horno a 180 °C / 160 °C con ventilador / gas potencia 4.

Condimente la piel de las pechugas de pollo. Caliente el resto del aceite en una sartén grande, de base gruesa, a fuego medio-alto. Dore el pollo por tandas, con la piel hacia abajo, 5-8 minutos, o hasta que la piel adquiera un tono dorado oscuro. No es necesario freír ahora el pollo por el otro lado: se cocerá en el horno. Retire de la sartén, añada un poco más de aceite de oliva, si es necesario, y fría las chalotas 4-5 minutos a fuego fuerte hasta que se ablanden y se doren.

Vacíe las judías mungo en una fuente baja apta para el horno e introduzca entre ellas las chalotas junto con el resto de ramas de romero. Vierta el caldo por encima. Agregue los muslos de pollo, presionando un poco para que se hundan entre las judías. Condimente y ase en el horno 20-25 minutos.

Saque la fuente del horno y disponga las lonchas de jamón sobre el pollo y espolvoree con el romero troceado. Devuelva la fuente al horno 5 minutos más hasta que el jamón quede crujiente. Sirva.

sopa tailandesa de coco con edamame

INGREDIENTES

Un puñadito de cilantro
2 ramas de caña de limón
Un trozo del tamaño del
   pulgar de galanga (o use
   jengibre si no encuentra
   galanga)
4 hojas de lima kaffir
1 diente de ajo
1 chile rojo, sin semillas
   y cortado por la mitad
3 chalotas, cortadas por
   la mitad a lo largo
1 cucharada de azúcar
   de palma
Una lata de 400 ml de leche
   de coco con toda su grasa
5-6 champiñones pequeños,
   en láminas
100 g de habas edamame
   congeladas
Zumo de 4 limas
4 cucharadas de salsa
   de pescado
Sal y pimienta negra recién
   molida

PARA DECORAR

Hojas de cilantro
Chile rojo, sin semillas
   y en rodajas finas
Cuñas de lima
Hojas de lima kaffir,
   en tiritas finas

Arroz basmati al vapor,
   para servir

Con la confianza de una adolescente, algo inconsciente y sin conocimientos, viajé a Tailandia sola de vacaciones. Al darme cuenta de mi fragilidad, pasé la semana en un solo lugar, con la cabeza baja, esperando ser ignorada y sorbiendo sopas de coco tailandesas. Esta sopa, o una versión parecida, fue mi alimento básico. La base y la clave es una leche de coco aromatizada, de modo que vaya probándola hasta que la note al punto. Sírvala con arroz.

PREPARACIÓN 25 MINUTOS ✳ **COCCIÓN 20 MINUTOS** ✳ **2-3 RACIONES**

Separe las hojas de cilantro de sus tallos, reserve las hojas para decorar y ponga los tallos en una cacerola mediana. Chafe la caña de limón con el rodillo para que se rompa y libere su aroma. Pele y corte la galanga y cháfela también con el rodillo hasta que suelte un poco de líquido. Rompa las hojas de lima en trocitos. Chafe el ajo. Póngalo todo en la cacerola con los tallos de cilantro, junto con el chile, las chalotas y el azúcar de palma. Vierta la leche de coco. Ponga la cacerola a fuego medio y espere a que hierva suavemente. Tape y cueza 15 minutos.

Cuele la sopa en otra cacerola, desechando los ingredientes sólidos. Agregue las setas, las habas, el zumo de lima, la salsa de pescado y unos 300 ml de agua caliente hasta que obtenga la consistencia deseada: debe ser una sopa ligera pero cremosa. Lleve la sopa a un suave hervor de nuevo 5-6 minutos, lo justo para cocer las setas y las habas edamame. Condimente al gusto y sirva inmediatamente en boles, decorados con hojas de cilantro, una rodaja de chile y una o más cuñas y hojas de lima. Sirva con arroz al vapor.

ensalada tibia de judías mungo, col verde de hoja lisa, panceta y nueces

INGREDIENTES

250 g de judías mungo secas, remojadas toda la noche y escurridas

200 g de panceta ahumada, en lonchas finas

Un chorrito de aceite de oliva

200 g de col verde de hoja lisa, en tiras

Un puñadito de perejil, picado

Sal y pimienta negra recién molida

PARA LAS NUECES CARAMELIZADAS

75 g de azúcar extrafino

100 g de nueces, tostadas

PARA EL ALIÑO

3 cucharadas de aceite de oliva

2 cucharadas de vinagre de sidra

1 cucharadita de mostaza de Dijon

Las nueces caramelizadas son importantes en esta receta, ya que el azúcar se derrite en la ensalada y se convierte en un dulce aliño. Una vez aprendida, la técnica del caramelizado puede aplicarse a todo tipo de frutos secos y emplearla para platos dulces y salados. Véase la página 94 para la fotografía de la receta.

PREPARACIÓN 10 MINUTOS + 1 NOCHE DE REMOJO ✳ COCCIÓN 35 MINUTOS ✳ 4-6 RACIONES

Lave las judías mungo escurridas bajo el grifo de agua fría y páselas a una cacerola grande. Cubra con el doble de su volumen en agua y hágalas hervir, sin tapa, espumando la superficie de vez en cuando, hasta que estén al dente: unos 30 minutos, pero pruébelas a los 25 minutos. Escurra y condimente bien.

Mientras, fría la panceta en una sartén grande a fuego alto. Cuando esté crujiente, retírela y reserve. Añada el aceite a la sartén caliente, manteniéndola a fuego medio-alto, e incorpore la col verde. Cueza 2-3 minutos hasta que las hojas empiecen a ponerse mustias. Incorpore las judías mungo y la mayor parte del perejil, luego apague el fuego. Tape para mantener calientes las judías.

Para las nueces caramelizadas, ponga 75 ml de agua fría y el azúcar en un cazo y hierva a fuego fuerte 6-7 minutos hasta que adopte una consistencia de sirope. Añada las nueces al cazo. Con el fuego alto, cocine la mezcla, removiendo constantemente con una espátula o cuchara de madera. Al caramelizar el azúcar y empezar a tostarse las nueces, retire el cazo del fuego y siga removiendo vigorosamente hasta que se empiecen a formar cristales de azúcar alrededor de las nueces: adoptarán un aspecto blanquecino, casi nevado. Pase las nueces caramelizadas secas a una tabla de cortar o lámina de papel vegetal para que se templen.

Prepare el aliño mezclando el aceite, el vinagre y la mostaza. Salpimiente al gusto y vierta el aliño sobre las judías y la col calientes, luego remueva un poco. Páselo todo a una fuente y espolvoree la panceta, las nueces y el perejil por encima.

ensalada de zanahoria, lentejas y queso feta

2 zanahorias grandes, limpias y cepilladas, cortadas en tiras de 4-5 cm, en diagonal
300 g de minizanahorias, limpias y cepilladas, enteras
3 cucharadas de aceite de oliva
1 cucharadita de semillas de cilantro
1 cucharadita de semillas de comino
Un puñadito de tomillo
200 g de queso feta, desmenuzado en trozos grandes
400 g de lentejas verdes en conserva, escurridas
Zumo de ½ limón
4 cucharadas de hojas de cilantro troceadas
Sal y pimienta negra recién molida

Prepare esta ensalada en verano cuando es temporada de zanahorias y son más sabrosas. Este plato es lo bastante sustancioso para tomarlo como plato principal, junto con un trozo de pan, pero combina muy bien con una barbacoa de final de verano.

PREPARACIÓN 5 MINUTOS ✳ COCCIÓN 35-40 MINUTOS ✳ 4 RACIONES

Precaliente el horno a 180 °C / 160 °C con ventilador / gas potencia 4.

Ponga las zanahorias, la mitad del aceite, las semillas de cilantro y comino, y el tomillo en una fuente grande para el horno. Salpimiente y áselo todo 15 minutos. Saque la bandeja del horno y esparza los trozos de feta sobre las zanahorias. Rocíe con un poco más de aceite y eche más pimienta. Vuelva a meter la bandeja en el horno y áselo todo 20-25 minutos más, o hasta que las zanahorias se doren y el queso esté blando como un flan.

Hacia el final de la cocción, caliente las lentejas en una cacerola pequeña a fuego moderado. Incorpore el resto del aceite, zumo de limón y cilantro. Condimente al gusto.

Disponga las lentejas en una fuente de servir y ponga encima las zanahorias y el feta.

salsa de guisantes partidos, limón y menta

175 g de guisantes verdes partidos
100 g de queso para untar
½ aguacate maduro
Zumo de ½ limón
1 diente de ajo, troceado
Un puñado de menta, troceada
1 cucharada de aceite de oliva
Sal y pimienta negra recién molida

Bastoncitos de pan o picatostes, para servir

Di con esta receta por casualidad. Me pasé cociendo los guisantes y quedaron ideales para hacer puré: la base perfecta para esta suave salsa para picar estival. Puede servirla como aperitivo antes de cenar y mojar zanahorias o apio en ella.

PREPARACIÓN 10 MINUTOS ✳ COCCIÓN 25-30 MINUTOS ✳ 4 RACIONES

Lleve una olla con agua salada a fuego medio a ebullición. Añada los guisantes partidos y cueza a fuego vivo 25-30 minutos hasta que estén tiernos. Cháfelos entre los dedos para comprobar que estén blandos. Escúrralos y refrésquelos bajo un chorro de agua fría. Deje que se enfríen por completo.

Pase los guisantes al vaso del procesador de alimentos junto con el queso, el aguacate, el zumo de limón, el ajo, la mayor parte de la menta, el aceite y 1 cucharada de agua fría. Triture para obtener una pasta homogénea, añadiendo más agua si es necesario, hasta conseguir la consistencia deseada para untar. Pase la salsa a un bol y acabe con el resto de menta. Sirva en un cuenco con bastoncitos de pan o picatostes.

calabaza asada con coco, cilantro y lentejas

INGREDIENTES

- 300 g de calabaza, preferiblemente la mitad inferior que contiene las semillas
- 2 cucharadas de aceite de oliva, y un poco más para pintar y rociar
- 2 cebollas, en láminas finas
- 3 dientes de ajo grandes, en láminas
- 1 chile verde grande, en rodajas
- 1 cucharadita de cilantro molido
- 400 g de lentejas verdes en conserva, escurridas y lavadas
- 160 ml de crema de coco
- Cilantro fresco troceado, para decorar
- Sal y pimienta negra recién molida

Esta receta nació como deberían hacerlo todas: con amigos en la cocina y un montón de ingredientes que mezclar. Las lentejas son sustanciosas, se espesan con la leche de coco y se especian: forman una base adecuada para la dulce calabaza asada. Como hice yo, sírvala caliente del horno con una ensalada de temporada aliñada.

PREPARACIÓN 20 MINUTOS ✳ **COCCIÓN 1 HORA** ✳ **4 RACIONES**

Precaliente el horno a 200 °C / 180 °C con ventilador / gas potencia 6. Forre una bandeja de horno con papel vegetal.

Prepare la calabaza pelándola y cortándola en rodajas de 2 cm, quitando las semillas: lo ideal es que salgan cinco rodajas. Unte cada trozo con aceite y dispóngalos en la bandeja preparada. Ásela 25 minutos, dándole la vuelta a media cocción, hasta que quede tierna.

Mientras, caliente el aceite en una sartén grande de base gruesa. Añada las cebollas y sofría suavemente a fuego medio 4-5 minutos hasta que se ablanden y se doren. Agregue el ajo, chile y cilantro y sofría 3-4 minutos más. Incorpore las lentejas y mezcle. Añada la crema de coco con 3 cucharadas de agua fría y condimente abundantemente.

Pase la mezcla a una fuente de horno de 2 litros de capacidad. Retire la calabaza del horno e introduzca las rodajas entre las lentejas. Meta de nuevo en el horno y ase 25 minutos más. Retire del horno y espolvoree cilantro fresco por encima. Sirva con un poco más de aceite, si lo desea.

ensalada de lentejas verdes, col china y cebolleta

INGREDIENTES

150 g de lentejas verdes
   secas
1 cucharada de aceite
   de sésamo
2 coles chinas, cortadas
   en cuartos
3 cebolletas, troceadas
Un manojito de cebollino
   chino o cebollino, troceado

PARA EL ALIÑO

Zumo de 1 lima
1 ½ cucharadas de vinagre
   de vino de arroz
2 cucharadas de aceite
   de sésamo
1 cucharadita de salsa
   de soja clara
1 cucharadita de miel líquida
Un trozo de 3 cm de
   jengibre, pelado y rallado
   fino
1 chile rojo, picado
Sal y pimienta negra recién
   molida

Los frondosos bulbos de la col china cada vez se hallan en nuestro frigorífico con mayor frecuencia, gracias a su popularidad en casa (especialmente cuando se fríen y se aliñan con delicioso aceite de sésamo). Cocidos brevemente, combinados con lentejas, cebolletas sofritas y un aliño ácido, se presentan en esta ensalada en cuestión de minutos.

PREPARACIÓN 15 MINUTOS ✳ COCCIÓN 30 MINUTOS
✳ 4 RACIONES COMO ALMUERZO LIGERO O GUARNICIÓN

Lleve a ebullición una olla con agua salada y vierta en ella las lentejas. Baje el fuego para mantener un hervor suave y cueza 25 minutos, removiendo de vez en cuando, hasta que las lentejas estén tiernas. Escurra y mantenga calientes.

Mientras, prepare el aliño. Combine el zumo de lima, vinagre de vino de arroz, aceite de sésamo, salsa de soja y miel en un tarro con tapa hermética. Agite para mezclarlo todo bien antes de añadir el jengibre –y sus jugos– y el chile. Pruebe y condimente.

Caliente el aceite de sésamo en una sartén grande o wok a fuego fuerte. Sofría brevemente la col china, 3-5 minutos, hasta que quede mustia. Retire de la sartén y añada la cebolleta para sofreírla 3-4 minutos hasta que se ablande. Mezcle las lentejas calientes, la col china, las cebolletas y el aliño en un cuenco poco hondo y páselo a una fuente de servir. Decore con el cebollino espolvoreado.

«risotto»
de lenteja verde

INGREDIENTES

40 g de mantequilla sin sal

2 cucharadas de aceite de
  oliva

1 cebolla morada, en láminas
  finas

1 cebolla, en láminas finas

Un manojito de cebolletas,
  en láminas finas

3 dientes de ajo, machacados

300 g de lentejas verdes
  secas, lavadas

900 ml de caldo de pollo
  o vegetal caliente

200 ml de vino blanco

150 g de queso Wensleydale
  o feta, desmenuzado

Un manojito de cebollino,
  troceado

Sal y pimienta negra recién
  molida

No se trata estrictamente de un risotto, ya que habrá notado la ausencia de arroz de Arborio, pero el método de añadir poco a poco caldo a las lentejas es el mismo. Tómese el tiempo necesario para ablandar las cebollas: la textura resulta deliciosamente suave, y siga hasta que las lentejas empiecen a deshacerse. Hágame caso, la combinación de queso, cebollas y lentejas es deliciosa.

PREPARACIÓN 20 MINUTOS ✳ COCCIÓN 50-60 MINUTOS ✳ 4 RACIONES

Caliente la mitad de la mantequilla y el aceite en una cacerola grande de base gruesa. Añada los tres tipos de cebolla y sofríalos a fuego lento 15 minutos, o hasta que se ablanden, se doren y se peguen un poco. Incorpore el ajo y cueza 2 minutos más. Agregue el vino y siga cociendo hasta que el líquido se haya casi evaporado. Añada las lentejas y remueva con cuidado.

Vierta el caldo sobre las lentejas y suba el fuego para que hierva suavemente. Remueva con regularidad durante 35-40 minutos o hasta que el líquido se reduzca a un tercio y las lentejas empiecen a deshacerse. La consistencia debería ser suave y algo cremosa. Añada el queso y el cebollino, mezcle y retire del fuego. Rectifique de condimentos y sirva con hojas frescas de ensalada, nada más.

pescado blanco con ensalada tibia de lentejas y remolacha

INGREDIENTES

250 g de lentejas verdes
  secas, lavadas
4 cucharadas de aceite
  de oliva
1 cucharada de vinagre
  de vino blanco
Un manojo de remolacha,
  pelada y cortada en cuñas
2 chalotas alargadas, en
  cuartos
2 dientes de ajo, algo
  chafados
Un puñado de perejil, picado
2 manzanas Cox, sin corazón
  y en 8 cuñas
1 cucharada de alcaparras,
  troceadas
4 filetes de 170 g de pescado
  blanco procedente de
  pesca sostenible (como
  carbonero, merlán o
  abadejo), sin espina
Sal y pimienta negra recién
  molida

PARA LA CREMA DE RÁBANO PICANTE

1 ½ cucharadas de rábano
  picante fresco, rallado
  (o crema de rábano
  picante)
120 ml de nata para cocinar

Uno de los métodos más sencillos y quizá más efectivos de cocinar los filetes es freírlos. Si se hace correctamente, la carne queda tierna y suave, y la piel crujiente. La ensalada tibia de lentejas y remolacha combina bien con el pescado sin destacar demasiado.

PREPARACIÓN 30 MINUTOS ✳ COCCIÓN 1 HORA ✳ 4 RACIONES

Precaliente el horno a 200 °C / 180 °C con ventilador / gas potencia 6.

Ponga las lentejas en una olla y cúbralas con el doble de su volumen en agua fría. Sale y lleve a ebullición, luego baje el fuego y cueza suavemente 15-20 minutos, hasta que las lentejas queden al dente. Retire del fuego y escurra. Devuelva las lentejas a la olla y, aún calientes, incorpore 2 cucharadas del aceite y el vinagre. Condimente al gusto y mantenga caliente.

Mientras, ponga la remolacha, las chalotas, el ajo, la mitad del perejil y 1 cucharada de aceite en una fuente mediana para el horno. Cubra la fuente con papel de aluminio y hornee 40 minutos, removiendo a mitad de cocción. Las verduras estarán listas cuando se pinche la remolacha sin esfuerzo con un palillo metálico y las chalotas estén blandas. Deseche el papel de aluminio, añada las cuñas de manzana a la fuente y hornee 10 minutos más hasta que las manzanas pierdan su forma. Saque el horno y reserve.

Mezcle las lentejas calientes con la mezcla de remolacha y las alcaparras, luego reserve.

Caliente un poco de aceite en una sartén antiadherente hasta que casi humee. Condimente los filetes de pescado y agréguelos a la sartén, con la piel hacia abajo, y fríalos 4 minutos. Con cuidado, deles la vuelta y cueza 4 minutos más hasta que se doren y se asen bien.

Mientras, prepare la crema de rábano picante. Combine el rábano picante con la nata y condimente al gusto. Reparta las lentejas y el pescado entre cuatro platos y disponga encima la crema de rábano picante y el resto del perejil.

Sirva la ensalada tibia de lentejas junto con el pescado frito y la crema de rábano picante.

sopa Ribollita con lenteja verde y salchicha toscana

INGREDIENTES

Un chorro generoso de
  aceite de oliva, y un poco
  más para rociar
2 cebollas, picadas
4 dientes de ajo, machacados
2 zanahorias, picadas
2 ramas de apio, picadas
½ cucharadita de chiles
  secos machacados
Un manojito de orégano,
  troceado
4 filetes de anchoa, picados
400 g de lentejas de Puy en
  conserva, escurridas
400 g de tomates troceados
  en conserva
100 ml de caldo vegetal
  caliente
Raspadura de 1 limón sin
  encerar
2 hojas de laurel
150 g de pan seco, troceado
4 salchichas toscanas
  (si no las encuentra, utilice
  salchicas normales)
Sal y pimienta negra recién
  molida

La Ribollita es un tipo de sopa toscana vibrante y sabrosa que se enriquece con pan seco. Mi versión incluye salchicha italiana, que la transforma de mera sopa en cena completa.

PREPARACIÓN 25 MINUTOS ✳ **COCCIÓN 40 MINUTOS** ✳ **4-6 RACIONES**

Caliente el aceite en una cacerola grande y honda a fuego lento y agregue las cebollas, el ajo, las zanahorias y el apio. Sofría las hortalizas 20 minutos, añadiendo los chiles, el orégano y las anchoas a media cocción, hasta que queden suaves y humeantes. Incorpore las lentejas, los tomates y el caldo y suba el fuego para que hierva suavemente. Incorpore la raspadura de limón, las hojas de laurel y el pan seco, y cueza a fuego bajo-medio, sin tapar, 20 minutos más, añadiendo un poco de agua fría si es necesario para conseguir la consistencia deseada. La sopa debería quedar espesa, parecida a un estofado.

Mientras, cocine las salchichas. Caliente un poco de aceite en una sartén pequeña y fría las salchichas a fuego medio, dándoles la vuelta de vez en cuando para que se doren y se cuezan bien por dentro. Escúrralas sobre papel de cocina.

Condimente la sopa a su gusto. Corte cada salchicha por la mitad en ángulo y sirva la sopa en boles. Acabe cada ración con dos mitades de salchicha y un chorrito de aceite.

bacalao frito con guisantes verdes partidos y patatas fritas

INGREDIENTES

700 g de patatas nuevas, lavadas

350 g de guisantes verdes partidos secos, remojados toda la noche en agua fría con ½ cucharada de zumo de limón

Mantequilla sin sal, para freír

2-3 cucharadas de aceite de oliva

3 chalotas, picadas

Zumo de 1 limón

Un buen puñado de menta picada

4 filetes de bacalao, preferiblemente de pesca sostenible, con piel

Sal y pimienta negra recién molida

PARA LA SALSA TÁRTARA

150 ml de nata para cocinar

1 cucharada de hierbas aromáticas suaves picadas (como menta, perejil y hojas de eneldo)

1 cucharadita de alcaparras, troceadas

3 pepinillos pequeños, picados

Bacalao y guisantes: una combinación que todos necesitamos un par de veces al año, como mínimo. Los guisantes son deliciosos, cocidos con menta, chalotas y aceite de oliva y triturados hasta convertirse en un suave puré.

PREPARACIÓN 30 MINUTOS ✳ COCCIÓN 50 MINUTOS ✳ 4 RACIONES

Ponga las patatas en una olla mediana de agua con sal a fuego alto y lleve a ebullición. Hierva 10-12 minutos hasta que se pinchen fácilmente con un cuchillo. Escurra y corte en rodajas gruesas. Reserve.

A continuación, ponga los guisantes verdes partidos en una olla mediana y cubra con agua fría. Lleve a ebullición, baje el fuego y cueza 25-30 minutos hasta que queden tiernos pero aún firmes. Escurra y reserve.

Derrita la mantequilla en una sartén grande. Cuando se forme espuma, añada la mitad de las patatas cortadas y condimente bien. Cueza a fuego medio unos 15 minutos hasta que las patatas se doren y queden crujientes. Retire de la sartén y resérvelas para que se mantengan calientes. Repita este proceso con el resto de patatas.

Prepare la salsa tártara mezclando todos los ingredientes, luego condiméntela.

Caliente el aceite en otra sartén grande a fuego medio. Añada las chalotas y rehóguelas unos minutos hasta que queden blandas y algo doradas. Incorpore los guisantes calientes a la sartén con el zumo de limón, la menta y un poco más de aceite. Condimente al gusto. Reserve y mantenga caliente.

Finalmente, cocine el bacalao. Seque los filetes con papel de cocina, retirando el exceso de humedad. Caliente una sartén grande antiadherente a fuego medio y añada una generosa nuez de mantequilla. Ponga los filetes en la sartén, con la piel hacia abajo, y fríalos, sin moverlos, 1 minuto más o menos. Levántelos con cuidado para comprobar que la piel esté ligeramente crujiente. Dele la vuelta al pescado y condiméntelo. Baje el fuego un poco y cueza 3-4 minutos más hasta que la carne quede opaca y cocida.

Sirva el bacalao sobre un lecho de guisantes, con las patatas y una cucharada de la salsa tártara.

pollo asado con guisantes verdes partidos, puerros y chorizo

INGREDIENTES

250 g de guisantes verdes partidos, lavados

2 cucharadas de aceite de oliva

450 g de contramuslos de pollo sin piel ni hueso, en cuartos

2 puerros, limpios y cortados en rodajas de 1,5 cm

2 dientes de ajo, en láminas

250 ml de nata para cocinar

2 cucharadas de menta troceada

100 g de queso feta, desmenuzado

100 g de chorizo, en rodajas

Sal y pimienta negra recién molida

Cociné este plato para mi buena amiga Annabel. Nos habíamos pasado el día trabajando juntas y necesitábamos una cena sencilla, para disfrutar con los ordenadores apagados. Dicho y hecho: las humildes pechugas de pollo quedaron fantásticas con los guisantes, el chorizo, la menta abundante y el queso feta dorado.

PREPARACIÓN 25 MINUTOS ✳ COCCIÓN 1 HORA Y 30 MINUTOS ✳ 6-8 RACIONES

Lleve a ebullición una olla grande llena de agua, añada los guisantes partidos y cueza 45 minutos: deben quedar algo firmes. Vaya añadiendo agua si se evapora demasiada.

Mientras, caliente la mitad del aceite en una sartén grande a fuego fuerte. Añada las pechugas de pollo y fríalas hasta que los bordes empiecen a dorarse; el pollo no necesita quedar del todo cocido aún. Retire el pollo de la sartén, añada un poco más de aceite si es necesario y agregue los puerros. A fuego medio, sofría 5-6 minutos hasta que se ablanden. Añada el ajo en el último minuto, para cocerlo mínimamente.

Precaliente el horno a 180 °C / 160 °C con ventilador / gas potencia 4.

Pase el pollo, los puerros y los guisantes a un cuenco grande y mézclelo todo. Condimente abundantemente e incorpore la nata y la menta. Póngalo todo en una fuente para el horno engrasada de 2 litros de capacidad.

Ponga encima el queso feta y el chorizo. Hornee 30 minutos hasta que burbujee y el pollo quede completamente cocido. Retire del horno y deje reposar 5 minutos. Sirva con una ensalada verde.

amarillas

SOJA EN GRANO

✳

GUISANTE AMARILLO PARTIDO

✳

GARBANZO

leche de soja casera con avena y fresas

INGREDIENTES

100 g de soja en grano

PARA LAS GACHAS

200 ml de leche de soja
100 g de copos de avena,
  más 30 g para el final
1 cucharada de aceite
  de coco
50 g de fresas o frambuesas

También se precisa un trozo
  cuadrado de muselina

Existen muchas razones para evitar los productos lácteos (ser vegano o presentar intolerancia a la lactosa son las principales) y la leche de soja es un sustituto nutritivo, económico y adaptable. Elaborarla es algo trabajoso, pero una vez preparada se puede emplear de diversas maneras. Aquí se vierte sobre copos de avena que se dejan en remojo una hora más o menos para tomarlos con frutas rojas frescas. Sirva con café.

PREPARACIÓN 25 MINUTOS + 19 HORAS DE REMOJO ✳ COCCIÓN 30 MINUTOS ✳ 2 RACIONES

Ponga la soja en un cuenco grande, cubra con el doble de su volumen en agua fría y deje en remojo 18 horas. Vigile el nivel del agua, añadiendo más si es necesario –estos granos parecen bebérsela–. La soja en grano estará lista cuando al presionarla entre los dedos ceda un poco.

Lave bien, escurra la soja y pásela a la trituradora con 750 ml de agua fría. Triture hasta obtener un puré muy fino. Forre un cuenco grande con muselina y vierta la mezcla. Ate las cuatro esquinas de la tela y exprima todo el líquido posible, desechando la pulpa.

Vierta la leche de soja en un cazo grande con 500 ml adicionales de agua y lleve a ebullición suave a fuego más bien bajo, removiendo constantemente para que no se queme. Siga calentando 20-25 minutos. Deje templar la leche de soja y consérvela en el frigorífico 3-4 días.

Cuando esté listo para montar las gachas, simplemente vierta 200 ml de la leche fresca de soja sobre los copos de avena y deje reposar 1 hora, hasta que el líquido prácticamente desaparezca.

Mientras, caliente el aceite de coco en una sartén pequeña a fuego medio-alto. Una vez derretido, incorpore los 30 g adicionales de avena y tuéstelos 2-3 minutos para que queden crujientes. Sirva la avena remojada en cuencos pequeños, salpicada con las fresas y acabada con la avena al coco.

ensalada de pollo, soja en grano y panceta a las hierbas

INGREDIENTES

Un pollo campero entero
de 1,3 kg
1,5 litros de leche
5 granos de pimienta negra
2 ramas de tomillo
150 g de soja en grano,
remojada 16 horas,
escurrida y lavada
Raspadura de 1 limón sin
encerar
1 cucharada de aceite
de oliva
8 lonchas finas de panceta
100 g de canónigos o brotes
de guisantes
5-6 rábanos, en rodajas finas
Sal y pimienta negra recién
molida

PARA EL ALIÑO

120 ml de suero de leche
3 cucharadas de mayonesa
30 ml de leche entera
1 cucharada de zumo
de limón
½ manojo de perejil, picado
½ manojo de cebollino,
picado

La soja en grano, conocida por su capacidad de imitar a la carne en forma de tofu o proteína vegetal texturizada, puede tomarse tal cual cuando es necesario. Aquí, con un aliño de suero de leche, hojas de ensalada y pollo escalfado, se convierte en un magnífico aliado veraniego.

PREPARACIÓN 45 MINUTOS ✳ **COCCIÓN 1 HORA**
✳ **6 RACIONES COMO ALMUERZO LIGERO**

Para escalfar el pollo, colóquelo entero en una olla grande. Añada la leche, granos de pimienta y tomillo, y lleve a ebullición. Espume y hierva suavemente 1 hora y 15 minutos, hasta que el pollo quede esponjoso, suave y bien cocido. Retire de la olla, páselo a una tabla y reserve para que se temple unos minutos. Luego, desmenuce la carne del pollo en porciones generosas. Reserve.

Mientras, lleve a ebullición una olla grande llena de agua con sal y añada la soja en grano. Baje el fuego y cueza 45 minutos o hasta que la soja quede tierna. Escurra y pásela a un cuenco mediano junto con la raspadura de limón y el aceite de oliva, remueva y condimente al gusto.

Prepare el aliño batiendo con cuidado el suero de leche, la mayonesa, la leche y el zumo de limón. Incorpore las hierbas y condimente al gusto. Reserve.

Caliente una sartén grande de base gruesa o una parrilla a fuego fuerte hasta que esté bien caliente. Añada la panceta y cocínela 3 minutos por cada lado o hasta que se dore y se ricen los bordes. Me encanta la panceta bien crujiente. Seque con papel de cocina.

Para montar la ensalada, mezcle el pollo y los granos de soja. Disponga los canónigos y los rábanos en una fuente. Rocíe con la mitad del aliño. Ponga el pollo encima y el resto del aliño. Para terminar, rompa la panceta en trozos y espárzalos por encima.

curri de coliflor especiada y guisantes partidos con arroz al clavo

INGREDIENTES

200 g de guisantes amarillos partidos

3 cucharadas de aceite de girasol

Los floretes recortados de 1 coliflor grande

3 chalotas alargadas, en rodajas finas

Un trozo de jengibre del tamaño del pulgar, pelado y rallado

3 dientes de ajo grandes, machacados

½ chile verde, picado

3 cucharaditas de comino molido

1 cucharadita de cúrcuma en polvo

1 cucharadita de semillas de comino negro

400 ml de leche de coco

400 g de tomates troceados en conserva

1 rama de canela

Zumo de 1 lima

Sal y pimienta negra recién molida

PARA EL ARROZ

300 g de arroz basmati, lavado

1 cucharadita de clavos enteros

1 hoja de laurel

PARA LA CAPA FINAL

1 cucharadita de aceite de girasol

1 cucharada de semillas de comino

30 g de almendras en láminas, tostadas

Un curri delicado, pero con un toque de picante. Un sencillo arroz al clavo completa la comida.

PREPARACIÓN 30 MINUTOS ✳ **COCCIÓN 1 HORA Y 10 MINUTOS** ✳ **4 RACIONES**

Lleve a ebullición una olla grande de agua salada y añada los guisantes partidos, baje el fuego para mantener un hervor suave y cueza 45-55 minutos, hasta que queden tiernos pero firmes. Escurra y reserve.

Caliente un chorro de aceite en una cacerola grande de base gruesa a fuego medio. Añada los floretes de coliflor y fríalos 5-7 minutos, o hasta que los bordes empiecen a dorarse. Retire de la cacerola y reserve.

Agregue el resto del aceite a la cacerola y sofría las chalotas a fuego medio 5 minutos hasta que se ablanden y se doren un poco. Incorpore el jengibre, el ajo y el chile, y sofría 1-2 minutos más antes de añadir el comino, cúrcuma y semillas de comino negro. Cueza 1 minuto más. Vierta ahora la leche de coco y los tomates con la rama de canela. Devuelva la coliflor a la cacerola junto con los guisantes. En cuanto empiece a hervir, tape y baje el fuego para que la coliflor se cueza suavemente unos 20 minutos. La coliflor debería quedar tierna y los guisantes blandos y cremosos. Extraiga la rama de canela, exprima el zumo de lima y condimente al gusto.

Mientras, cocine el arroz. Póngalo en una olla junto con los clavos y el laurel. Cubra con el doble de su volumen en agua fría. Lleve a ebullición, luego baje el fuego y tape la olla. Cueza suavemente unos 15 minutos, o hasta que el agua se absorba. Si el agua queda absorbida pero el arroz no parece cocido, añada un poco más de agua hirviendo. Una vez cocido, cubra con la tapa y deje reposar 5 minutos. Retire las especias y ahueque el arroz con un tenedor.

Para la capa final, caliente el aceite en un cazo. Añada las semillas de comino y las almendras y fríalos 3 minutos o hasta que las semillas empiecen a saltar.

Sirva la coliflor al curri junto con el arroz al clavo. Acabe con las semillas de comino, almendras tostadas y cuñas de lima para exprimir, si lo desea.

sopa dhal amarilla con cebolla morada y menta

INGREDIENTES

400 g de guisantes amarillos partidos, lavados

2 hojas de curri

3 dientes de ajo grandes, chafados

1 chile rojo pequeño, cortado por la mitad

Un trozo del tamaño del pulgar de jengibre, pelado

70 ml de tomates troceados

4 cucharadas de aceite de oliva

3 chalotas alargadas, en láminas finas

1 cucharadita de semillas de mostaza

1 cucharadita de comino en polvo

1 cucharadita de cúrcuma en polvo

½ cucharadita de especias garam masala

1 cucharadita de azúcar moreno

Un buen puñado de hojas de cilantro, troceadas

Un buen puñado de hojas de menta, troceadas

1 cebolla morada, picada

La sopa india dhal es un plato que puede cocinarse a diario. Esta, en particular, rica en proteínas y especias, ofrece el frescor del toque final, necesario tanto por la textura como el sabor que aporta.

PREPARACIÓN 30 MINUTOS ✳ **COCCIÓN 2 HORAS Y 30 MINUTOS** ✳ **6-8 RACIONES**

Ponga los guisantes lavados en una olla grande. Cubra con 2 litros de agua fría y lleve a ebullición, baje el fuego y añada las hojas de curri, el ajo, el chile y el jengibre. Cocine a fuego lento 1 ½-2 horas, o hasta que la sopa adquiera un aspecto sedoso y cremoso. Agregue un poco más de agua hirviendo si es necesario para aligerar la crema: la consistencia deseada es la de una sopa espesa. Deseche las hojas de curri, el ajo, el chile y el jengibre, incorpore los tomates y cueza 10 minutos más, condimente al gusto y reserve un rato.

Caliente 2 cucharadas del aceite de oliva en una cacerola grande a fuego medio. Añada las chalotas y cueza suavemente 8-10 minutos o hasta que empiecen a ablandarse. Agregue las semillas de mostaza, comino, cúrcuma y garam masala, y siga cociendo 3 minutos más. Incorpore las chalotas especiadas a la sopa dhal. Cueza 10 minutos. Agregue el azúcar y la mitad del cilantro.

Sirva la sopa dhal con el resto de cilantro, la menta y la cebolla morada por encima, con el resto del aceite de oliva.

ensalada con especias chaat masala

INGREDIENTES

200 g de guisantes amarillos partidos secos, remojados en agua 2 horas y escurridos

300 ml de aceite de girasol o aceite vegetal, para freír

1 cucharadita de comino en polvo

1 ½ cucharaditas de especias chaat masala

2 cebollas moradas pequeñas, en daditos

3 tomates medianos, sin semillas y en daditos

½ pepino, sin semillas y en daditos

Zumo de ½ limón

Un buen puñado de cilantro, troceado

2 cucharadas de yogur natural espeso

Sal y pimienta negra recién molida

El chaat masala, una mezcla de especias con mango seco en polvo, es el hilo conductor de esta alegre ensalada dispuesta en capas, para comer de pie, con una base de guisantes partidos o lentejas, con cebolla frita crujiente y pepino fresco. También pueden utilizarse lentejas rojas partidas o garbanzos partidos, pero compruebe los tiempos de cocción. Sirva una ración pequeña para acompañar la sopa dhal de la página 117 en cuencos hondos y pan naan.

PREPARACIÓN 20 MINUTOS + 2 HORAS DE REMOJO ✳ **COCCIÓN 45 MINUTOS** ✳ **2-3 RACIONES**

Lleve a ebullición una olla con agua. Sale y añada los guisantes. Cueza 25-30 minutos o hasta que los guisantes estén tiernos pero aún firmes (vuelven a cocerse después). Escúrralos y séquelos con papel de cocina.

Caliente el aceite en una sartén mediana a fuego medio hasta que alcance el punto de humeo. En tandas, añada los guisantes y fríalos 3-5 minutos. Retírelos y déjelos sobre papel de cocina mientras sigue friendo el resto. Mezcle los guisantes con el comino y la combinación de especias, sale al gusto y reserve.

Mezcle las cebollas, los tomates, el pepino, el zumo de limón y el cilantro. Disponga las verduras y los guisantes fritos en dos o tres cuencos. Combine brevemente las capas de la ensalada. Sirva con el yogur encima.

hummus a las hierbas

400 g de garbanzos en
   conserva, escurridos y
   lavados
3 cucharadas de tahina
1 diente de ajo grande,
   chafado
Raspadura y zumo de 1 limón
2 cucharadas de aceite
   de oliva
½ manojo de albahaca,
   picada
½ manojo de eneldo, picado
½ manojo de perejil, picado
Sal y pimienta negra recién
   molida

El hummus presenta enormes variaciones y me temo que todos nos estamos
acostumbrando a una versión comercial, con consistencia de mayonesa, y
hemos olvidado su auténtica forma, consumida en Oriente Medio. Sin embargo,
prepararlo en casa resulta sumamente fácil: una vez comprado el bote de
tahina, uno ya tiene medio plato hecho. Se mezclan los garbanzos, el zumo de
limón, el ajo, la tahina y un saludable chorro de aceite de oliva y se obtiene el
resultado perfecto. Esta receta contiene abundantes hierbas que aportan otra
dimensión a este clásico para picar.

PREPARACIÓN 10 MINUTOS ✳ **4-6 RACIONES**

Ponga los garbanzos, la tahina, el ajo y la raspadura y el zumo de limón en
el procesador de alimentos y triture hasta obtener un puré grueso. Añada el
aceite de oliva y 3-4 cucharadas de agua y siga triturando hasta conseguir una
crema para untar de textura homogénea. Salpimiente e incorpore las hierbas.

---

hummus de remolacha,
suero de leche y eneldo

400 g de garbanzos en
   conserva, escurridos
   y lavados
200 g de remolacha cocida,
   troceada
3 cucharadas de tahina
1 diente de ajo grande,
   chafado
70-80 ml de suero de leche
1 cucharada de semillas
   de amapola
2 cucharadas de hojas
   de eneldo picadas
Sal y pimienta negra recién
   molida

PREPARACIÓN 15 MINUTOS ✳ **4-6 RACIONES**

Ponga los garbanzos, la remolacha, la tahina, el ajo y la mitad del suero de
leche en el procesador de alimentos y triture hasta que quede homogéneo.
Salpimiente al gusto. Sirva, decorado con el resto de suero de leche formando
un remolino. Acabe con las semillas de amapola y el eneldo.

HUMMUS A LAS HIERBAS

HUMMUS AL
AGUACATE

HUMMUS DE
REMOLACHA,
SUERO DE LECHE
Y ENELDO

HUMMUS CON CEBOLLA
CARAMELIZADA Y
QUESO AZUL

hummus con cebolla caramelizada y queso azul

1 cucharada de aceite de oliva

2 cebollas moradas, en láminas finas

1 cucharada de azúcar moreno

1 cucharada de vinagre balsámico

1 cucharada de vinagre de vino tinto

400 g de garbanzos en conserva, escurridos y lavados

3 cucharadas de tahina

1 diente de ajo grande, chafado

Raspadura y zumo de 1 limón

50 g de queso azul, desmenuzado

2 cucharadas de semillas de cilantro, tostadas

Sal y pimienta negra recién molida

PREPARACIÓN 10 MINUTOS ✳ COCCIÓN 15 MINUTOS ✳ 4-6 RACIONES

Caliente el aceite en una sartén mediana a fuego medio, luego añada las cebollas y sofría 6-8 minutos o hasta que se ablanden y se doren. Agregue el azúcar y los vinagres y cueza 5 minutos más hasta que el líquido quede casi absorbido y la mezcla se vuelva pegajosa. Reserve.

Triture los garbanzos, la tahina, el ajo y la raspadura y el zumo de limón en el procesador de alimentos hasta obtener una pasta suave. Pásela a un bol e incorpore el queso y 4-5 cucharadas de agua para aligerar la consistencia. Salpimiente al gusto. Acabe con la cebolla caramelizada y las semillas de cilantro tostadas.

hummus al aguacate

400 g de garbanzos en conserva, escurridos y lavados

3 cucharadas de tahina

1 diente de ajo grande, chafado

Raspadura y zumo de 1 limón

1 aguacate grande maduro, partido por la mitad y sin hueso

1 cucharada de aceite de aguacate o de aceite de oliva, para servir

Sal y pimienta negra recién molida

PREPARACIÓN 15 MINUTOS ✳ COCCIÓN 5 MINUTOS ✳ 4-6 RACIONES

Triture los garbanzos, la tahina, el ajo y la raspadura y el zumo de limón hasta obtener una pasta homogénea. Añada la pulpa del aguacate y triture de nuevo, añadiendo 2-3 cucharadas de agua si es necesario para corregir la consistencia. Pruebe y salpimiente; seguramente precisará sal. Sirva con un chorrito de aceite.

hummus griego con guisantes amarillos partidos

200 g de guisantes amarillos
   partidos, lavados
1 cebolla pequeña, picada
2 hojas de laurel
1-2 cucharaditas de sal
   marina
2 cucharaditas de vinagre
   de vino tinto
Zumo de 1 limón
2-3 cucharadas de aceite
   de oliva

Si le encanta el hummus –¿y a quién no?–, entonces esta es una excelente variación. A pesar de que su nombre tradicional significa «haba griega», esta salsa se preparara con guisantes amarillos partidos (de hecho, las habas se emplean muy raramente en Grecia, ya que un gran porcentaje de la población es alérgica a ellas). Utilice esta receta como salsa para picar o, como hacen los griegos, para acompañar carnes, pescados o verduras.

PREPARACIÓN 10 MINUTOS ✳ COCCIÓN 45 MINUTOS ✳ 4-6 RACIONES

Ponga los guisantes lavados en una olla grande con la cebolla, las hojas de laurel y suficiente agua para cubrir los guisantes. Lleve a ebullición, luego baje el fuego y cueza 30-45 minutos hasta que los guisantes espesen y se deshagan: el tiempo exacto dependerá de cuándo fueron recogidos los guisantes, por lo que conviene probar a los 30 minutos. Si queda agua, escúrralos antes de pasar los guisantes a un cuenco. Deseche las hojas de laurel.

Añada la sal, vinagre y zumo de limón a los guisantes y triture con la batidora de mano hasta obtener una pasta suave, añadiendo aceite de oliva para obtener una consistencia para untar. Pruebe y rectifique de condimentos y sirva en un bol grande.

falafel de cilantro y anacardos con yogur y salsa harissa

INGREDIENTES

120 g de garbanzos secos, remojados toda la noche en agua abundante
120 g de habas secas, remojadas toda la noche en agua abundante
2 cucharadas de tahina
1 diente de ajo grande, machacado
1 cucharadita de comino en polvo
2 cucharadas de cilantro fresco troceado
3 cucharaditas de semillas de cilantro, chafadas
50 g de anacardos (o nueces de macadamia), tostados y troceados
½ chile verde pequeño, picado
2-3 cucharadas de semillas de sésamo
120 ml de aceite de girasol, para freír
Sal y pimienta negra recién molida

PARA EL YOGUR CON SALSA HARISSA

100 g de yogur natural espeso
1 chalota, picada muy fina
½ cucharada de pasta harissa

Las legumbres secas proporcionan la combinación adecuada de almidones y agua para que la mezcla ligue, por lo que vale la pena la inversión en tiempo. No encontrará garbanzos frescos y las habas en conserva aguarán demasiado la mezcla, a menos que se le añada mucha harina, así que ¡está todo dicho!

PREPARACIÓN 15 MINUTOS + REMOJO (1 NOCHE) Y ENFRIAMIENTO (30 MINUTOS-3 HORAS) ✳ COCCIÓN 10 MINUTOS ✳ SALEN 10-12 FALAFEL

Escurra los garbanzos y las habas, luego lávelos bien bajo el chorro de agua fría y deje que escurran en un colador.

Ponga las legumbres escurridas en el procesador de alimentos y triture hasta obtener una pasta homogénea. Añada la tahina, el ajo y el comino, y triture de nuevo, hasta que quede todo bien combinado pero con cierta textura. Pase la mezcla a un bol e incorpore el cilantro, las semillas de cilantro, los anacardos y el chile verde. Salpimiente. Refrigere la mezcla al menos 30 minutos, pero mejor una o dos horas, si dispone de tiempo.

Adelántese preparando el yogur con harissa. Mezcle el yogur con la chalota y la pasta harissa. Condimente bien.

A continuación, divida la pasta de falafel en 16 bolas, aplanándolas por dos lados con las manos. Rebócelas con las semillas de sésamo y resérvelas en una bandeja de horno forrada con papel vegetal.

Caliente el aceite de girasol en una sartén de base gruesa. Por tandas, fría los falafel 3-4 minutos por cada lado, para que queden dorados y crujientes. Escurra sobre papel de cocina para eliminar el exceso de aceite y sírvalos calientes, junto a un bol de yogur con harissa.

estofado de garbanzos y espinacas

INGREDIENTES

225 g de garbanzos secos
Una pizca de bicarbonato
100 ml de aceite de oliva
4 dientes de ajo, en láminas
2 cucharadas de pimentón
 dulce
1 cucharadita de comino
 en polvo
Una pizca de hebras
 de azafrán
100 g de pan seco, en dados
2 cucharadas de vinagre
 de jerez
75 g de almendras enteras
 peladas
500 ml de caldo vegetal
 caliente
150 g de espinacas, limpias
 y troceadas
Sal y pimienta negra recién
 molida

Habitual en los menús del norte de España, el potaje de garbanzos con espinacas es un plato tradicional, espesado con una picada a base de migas con ajo y almendras. El ligero dulzor del vinagre de jerez es ideal para esta receta y equilibra el sabor de las almendras con el de los garbanzos.

PREPARACIÓN 30 MINUTOS + 1 NOCHE DE REMOJO ✳ COCCIÓN 2 HORAS ✳ 6 RACIONES

La vigilia, ponga los garbanzos en un bol grande, añada el bicarbonato (al parecer, esto ayuda a reducir los gases que producen) y remójelos en el doble de su volumen en agua.

Al día siguiente, escurra los garbanzos y póngalos en una olla grande. Cubra con agua fría, sin sal, y lleve a ebullición. Baje el fuego y hierva, sin tapar, 2 horas hasta que los garbanzos estén tiernos. Escúrralos bien y devuélvalos a la olla.

Mientras, caliente el aceite en una sartén grande de base gruesa a fuego moderado. Cuando esté caliente, fría el ajo en láminas hasta que se ablande. Rescate el ajo de la sartén con una espumadera, añada las especias al aceite y cocínelas 1 minuto. Eche el pan al aceite. Fría los dados de pan 2 minutos o hasta que se doren y queden crujientes y, con la espumadera, retírelos de la sartén y resérvelos con el ajo hasta que los garbanzos estén listos.

Triture el pan con el ajo, el vinagre y las almendras para obtener una picada. Añada el caldo a los garbanzos cocidos e incorpore las espinacas. Tape la olla y deje que las hojas se ablanden antes de agregar la picada. Salpimiente al gusto y sirva en boles calientes.

curri de pescado y coco

PARA LA PASTA DE CURRI

30 g de anacardos

3 chalotas, troceadas

1 chile rojo grande, troceado

2 dientes de ajo, troceados

2 cucharadas de jengibre
  fresco rallado

1 cucharada de vinagre
  de vino blanco

Un manojo mediano
  de cilantro

PARA EL CURRI

2 cucharadas de aceite
  de girasol

1 pimiento rojo, en rodajas

1 cucharadita de cúrcuma
  en polvo

½ cucharadita de cilantro
  molido

½ cucharadita de chile
  picante en polvo

5 hojas de curri

Una lata de 400 ml de leche
  de coco

160 ml de crema de coco

400 g de garbanzos en
  conserva, escurridos y
  lavados

100 g de hojas tiernas
  de espinacas

200 g de langostinos crudos
  pelados

200 g de filete de bacalao,
  sin piel y troceado

2 cucharaditas de semillas
  de mostaza

Zumo de 1 lima

El pescado fresco y el sabor consistente del coco casan de maravilla con las especias en este aromático caldo. Esta receta posee un toque tradicional de Goa con la adición de un ingrediente ácido que a veces es el tamarindo pero que aquí es el vinagre. Sirva el curri en un bol hondo con el cilantro fresco y un chorrito de zumo de lima.

PREPARACIÓN 20 MINUTOS ✳ **COCCIÓN 30 MINUTOS** ✳ **4 RACIONES**

Para la pasta de curri, tueste los anacardos en una sartén en seco hasta dorarlos bien, luego póngalos en el vaso de la trituradora o el procesador de alimentos con las chalotas, el chile, el ajo, el jengibre, el vinagre y la mitad del cilantro. Triture hasta obtener un puré espeso y añada un poco de agua hasta conseguir una pasta aromática más ligera. Pásela a un cuenco pequeño.

Para preparar el curri, caliente el aceite en una sartén grande de base gruesa a fuego medio y añada el pimiento rojo mientras el aceite se calienta. Cueza 5 minutos hasta que empiece a ablandarse. Cuando el pimiento esté bien tierno, incorpore la pasta de curri y siga sofriendo unos minutos más. Agregue las especias y remueva de nuevo: mantenga el fuego fuerte mientras se cuecen 1 minuto más aproximadamente.

Añada las hojas de curri, la leche y la crema de coco, y 100 ml de agua fría. Suba la potencia del fuego y lleve a ebullición, antes de bajar la temperatura y cocer a fuego lento 10-15 minutos. Agregue los garbanzos y cueza suavemente 5 minutos más.

Para terminar, añada las espinacas, las gambas y el bacalao a la sartén y rehogue 2-3 minutos hasta que el pescado quede opaco. Decore con las semillas de mostaza y el resto de cilantro, y rocíe con zumo de lima para servir.

garbanzos con chocolate blanco, coco y vainilla

400 g de garbanzos en conserva, escurridos y lavados

3 cucharadas de aceite de coco

½ cucharadita de sal marina fina

300 g de chocolate blanco, troceado

1 cucharadita de pasta de vainilla

50 g de arándanos rojos secos

40 g de pistachos pelados, en láminas

Los garbanzos se asan con aceite de coco hasta que se doran y se esparcen sobre el chocolate fundido con los arándanos y los pistachos. Chocolate en su estado puro. Rómpalo en trozos irregulares y repártalo como capricho después de cenar.

PREPARACIÓN 10 MINUTOS ✳ **COCCIÓN 40 MINUTOS** ✳ **10 RACIONES**

Precaliente el horno a 180 °C / 160 °C con ventilador / gas potencia 4. Seque los garbanzos lavados con papel de cocina. Páselos a una bandeja de horno y rocíelos con el aceite de coco y sal. Áselos en la posición media del horno 30-40 minutos o hasta que se doren y queden un poco crujientes. Forre una bandeja de horno con papel vegetal. Ponga el chocolate blanco y la pasta de vainilla al baño maría para que se derrita poco a poco: tardará 5-10 minutos. Retire e incorpore la mitad de los garbanzos al chocolate derretido. Vierta el chocolate sobre el papel vegetal y, con una espátula, extiéndalo un poco. Espolvoree por encima el resto de garbanzos, arándanos y pistachos, y disponga la bandeja en un lugar fresco para que la placa de chocolate se endurezca. Una vez solidificada, rómpala en trozos y ofrezca el chocolate con el café tras el almuerzo.

garbanzos con caramelo salado y canela

800 g de garbanzos grandes de calidad en conserva, escurridos y lavados

2 cucharadas de aceite de oliva

60 g de mantequilla sin sal

70 g de azúcar moreno

2 cucharaditas de sal marina fina

1 cucharadita de canela en polvo

Resulta que los familiares garbanzos se pueden transformar de clásico salado a dulce capricho, delicioso y crujiente. Tómelos tal cual o prepare una tanda y utilícelos para acompañar yogur, postres o helado.

PREPARACIÓN 10 MINUTOS ✳ **COCCIÓN 30 MINUTOS** ✳ **SALE UN BOL GRANDE**

Precaliente el horno a 180 °C / 160 °C con ventilador / gas potencia 4. Seque los garbanzos con papel de cocina. Páselos a una bandeja de horno grande y rocíelos con el aceite. Áselos en la posición media del horno 30-40 minutos o hasta que se doren y queden un poco crujientes.

Mientras, derrita la mantequilla en un cacito a fuego medio. Mezcle la mantequilla caliente con el azúcar, sal y canela. Saque los garbanzos del horno y dispóngalos en un cuenco grande. Vierta encima la mezcla de mantequilla y canela y remueva hasta que estén bien impregnados de la misma. Deje templar. Sirva como tentempié o con yogur natural.

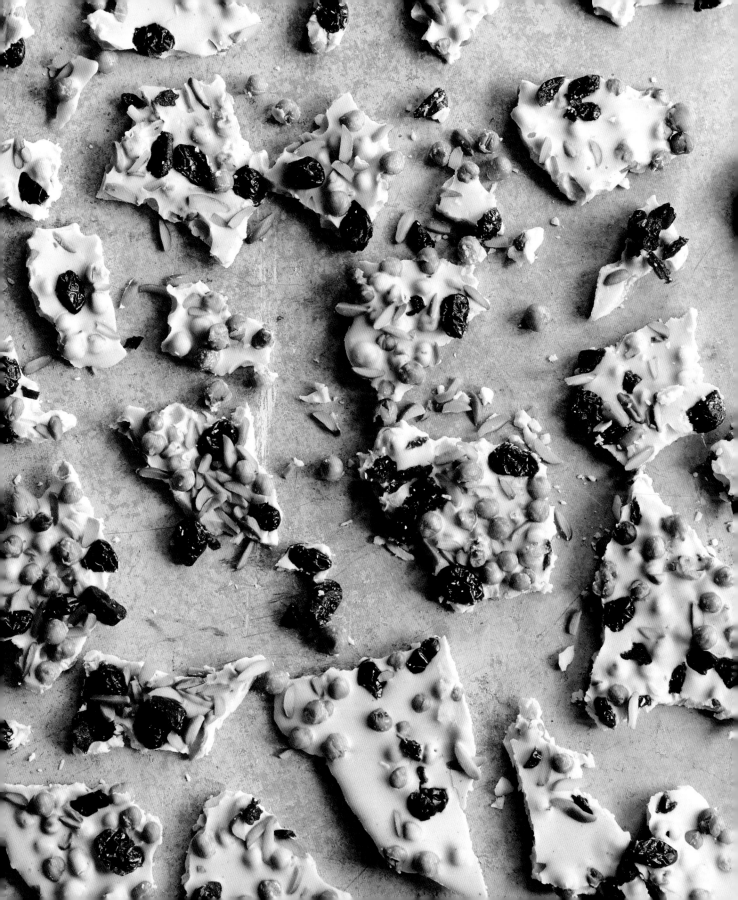

pastel de manzana y garbanzos

INGREDIENTES

Aceite de girasol, para engrasar

400 g de garbanzos en conserva, escurridos y lavados

3 huevos medianos

2 cucharaditas de esencia de almendra

225 g de harina leudante

1 cucharada de levadura en polvo

175 g de azúcar extrafino

500 g de manzanas para asar (unas 3), peladas, sin corazón y cortadas en trozos de 2-4 cm

25 g de almendras en láminas

25 g de azúcar integral

3 cucharadas de mermelada de albaricoque, caliente (opcional)

Este pastel lleva mucha manzana y con ello conseguimos una textura familiar, densa, casi parecida al pudin. La esencia de almendra es necesaria: aporta un toque de mazapán al bizcocho y el glaseado. El glaseado de albaricoque es opcional, pero nos hará sentir chefs profesionales.

PREPARACIÓN 25 MINUTOS ✳ COCCIÓN 1 HORA Y 15 MINUTOS ✳ SALE UN PASTEL DE 20 CM

Precaliente el horno a 160 °C / 140 °C con ventilador / gas potencia 3. Engrase y forre un molde de pastel desmontable de 18 cm de diámetro.

Vierta los garbanzos en el vaso del procesador de alimentos y triture hasta obtener una pasta gruesa. Añada los huevos, uno a uno, hasta conseguir una consistencia suave. Agregue la esencia de almendra. Pase la mezcla a un cuenco e incorpore la harina, la levadura y el azúcar, y bátalo todo. Añada las manzanas y remueva con cuidado hasta que queden distribuidas uniformemente en la masa. Queda bonito que algunas sobresalgan de la masa.

Pase la masa al molde preparado. Espolvoree las almendras en láminas y el azúcar integral por encima. Hornee en la posición del medio del horno 45 minutos. Pruebe si el centro del pastel se nota firme al tacto y, si no está seguro, devuélvalo al horno 15 minutos más. Deje templar un poco antes de desmoldarlo y ponerlo sobre una rejilla.

Pinte el pastel ya frío con la mermelada de albaricoque para darle un verdadero aspecto de pastelería francesa. Sirva caliente, en porciones.

rojas

LENTEJA ROJA PARTIDA

ALUBIA ADZUKI

ALUBIA ROJA

croquetas de boniato y lentejas rojas

INGREDIENTES

1 cucharada de aceite
   de oliva
1 cebolla pequeña, picada
2 dientes de ajo, machacados
125 g de lentejas rojas
   partidas
450 g de boniato, pelado y
   cortado en dados de 1 cm
50 g de avena para gachas
25 g de queso Cheddar suave
1 cucharada de hojas
   de cilantro troceadas

PARA EL REBOZADO

75 g de harina blanca
2 huevos camperos
   medianos, batidos
100 g de pan rallado
2 cucharadas de aceite
   de oliva

Esta receta es demasiado divertida para no hacerla. Mis pequeños se comen estas croquetas con gusto, cosa que, como saben todos los padres, me hace sentir feliz y orgullosa. La clave consiste en mantener las croquetas secas; además, la avena para gachas hace que sea más fácil darles forma. ¡Piense en las vitaminas que están tomando sus hijos sin saberlo!

PREPARACIÓN 45 MINUTOS + 30 MINUTOS PARA ENFRIARSE
✳ COCCIÓN 1 HORA ✳ SALEN 12 CROQUETAS

Caliente el aceite en una sartén pequeña. Añada la cebolla y el ajo y sofríalos a fuego medio 2-3 minutos hasta que se ablanden. Pase la mezcla a una olla mediana. Incorpore las lentejas, junto con el boniato y siga sofriendo 3 minutos. Vierta agua caliente sobre la mezcla hasta que el líquido la sobrepase 1 cm. Baje el fuego y cueza 30-40 minutos, removiendo de vez en cuando, hasta que todo quede tierno. Suba la potencia del fuego durante los últimos minutos para que se absorba el máximo de líquido posible. Se trata de conseguir una mezcla bien seca (así resulta más fácil dar forma a las croquetas). Retire la olla del fuego, pase el contenido a un cuenco grande, chafe bien y deje que se temple por completo.

Añada la avena para gachas, el queso y el cilantro a la mezcla y remueva con brío. Divida la mezcla en 12 bolitas y deles forma de croqueta.

Precaliente el horno a 200 °C / 180 °C con ventilador / gas potencia 6.

Ponga en tres boles separados la harina, los huevos batidos y el pan rallado. Con cuidado, pase las croquetas por la harina, mójelas en el huevo y rebócelas con el pan rallado.

Caliente el aceite en una sartén grande a fuego medio-alto. Fría las croquetas 2-3 minutos por tandas, dándoles la vuelta regularmente, hasta que el pan rallado quede crujiente. Retire de la sartén y disponga sobre una bandeja de horno. Hornee 20 minutos o hasta que estén doradas y crujientes.

*CONSEJO

Esta receta es perfecta para
elaborarla en dos pasos.
Yo preparo la mezcla por
la mañana y luego formo las
croquetas a la hora de la cena,
media hora antes de que los
pequeños empiecen a subirse
por las paredes.

pollo cremoso
con lentejas rojas

INGREDIENTES

1 cucharada de aceite
vegetal

12 muslos de pollo, sin piel,
deshuesados, enteros

15 g de mantequilla sin sal

2 cebollas moradas grandes,
en cuartos

3 dientes de ajo grandes,
machacados

1 cucharadita de azúcar
moreno

1 cucharadita de copos
de guindilla seca

4 cucharadas de mantequilla
de cacahuete con
tropezones u otro tipo
de mantequilla de frutos
secos

1 cucharada de concentrado
de tomate

1 cucharada de pasta korma
para curri o 1 cucharadita
de curri suave en polvo

150 g de lentejas rojas
partidas

400 ml de leche de coco

½ manojo de cilantro,
troceado

30 g de cacahuetes salados,
troceados, para decorar

Sal y pimienta negra recién
molida

La mantequilla de cacahuete posee cierta cremosidad que resulta difícil reproducir y suelo añadirla a sopas y estofados salados. Las lentejas rojas casi desaparecen en este plato, que espesan al irse deshaciendo.

PREPARACIÓN 25 MINUTOS ✳ **COCCIÓN 45 MINUTOS** ✳ **6 RACIONES**

Caliente el aceite en una cacerola grande de base gruesa a fuego medio. Añada la mitad del pollo y fríalo unos minutos o hasta que se dore mucho uniformemente, dándole la vuelta de vez en cuando. Reserve en un lugar caliente mientras prepara el resto del pollo, luego manténgalo todo caliente.

Derrita la mantequilla en la misma cacerola a fuego medio-bajo, agregue las cebollas y sofríalas suavemente, 5-7 minutos o hasta que empiecen a ablandarse y dorarse, removiéndolas con una cuchara de madera. Añada el ajo y sofría 2 minutos. Incorpore el azúcar y cueza 1 minuto más. Añada los copos de guindilla y cueza 2 minutos. Añada la mantequilla de cacahuete, el concentrado de tomate, la pasta korma y las lentejas; remuévalo todo bien. Vierta la leche de coco en la cacerola, llene la mitad del bote o la lata de coco con agua fría y añádala también. Lleve a ebullición, luego baje el fuego, tape y cueza 10 minutos.

Devuelva el pollo dorado a la cacerola y cocínelo 15-20 minutos más o hasta que las lentejas empiecen a deshacerse y el pollo esté bien cocido. Salpimiente al gusto e incorpore el cilantro. Sirva con un buen puñado de cacahuetes.

quesadillas con queso fontina y alubias adzuki

PARA EL ENCURTIDO

1 cebolla morada grande, en láminas finas

80 ml de vinagre de vino blanco

5 granos enteros de pimienta negra

6 semillas de cilantro enteras

½ cucharadita de sal

PARA EL RELLENO

400 g de alubias adzuki en conserva o 200 g de alubias adzuki secas, remojadas toda la noche

1 cucharada de aceite de oliva

1 chalota, picada

1 diente de ajo, machacado

1 cucharadita de pimentón ahumado

1 cucharadita de cilantro molido

200 g de tomates troceados de calidad en conserva

1 cucharadita colmada de azúcar moreno

Un manojito de cilantro, troceado

4 tortillas de maíz grandes y blandas

150 g de queso fontina, en dados

1 aguacate, cortado por la mitad, pelado y en láminas

Sal y pimienta negra recién molida

Esta es una receta rápida con un aire mexicano, ideal para compartir. Las tortillas calientes se rellenan con una sencilla mezcla de alubias ahumadas, queso suave y cilantro antes de pasarlas por la plancha (o la sartén) hasta que el relleno se fusiona. El encurtido rápido de cebolla morada es indispensable: destaca sobre el queso fundido y unifica esta apetecible receta.

PREPARACIÓN 45 MINUTOS ✳ COCCIÓN 20 MINUTOS ✳ 4 RACIONES

Prepare el encurtido poniendo en un cuenco mediano la cebolla, el vinagre, la pimienta y las semillas de cilantro. Espolvoree con la sal, mezcle bien y deje marinar al menos 30 minutos o hasta el momento de su uso. Como muchos encurtidos, este tiende a mejorar cuanto más tiempo se le deje madurar.

Escurra las alubias adzuki y lávelas bajo un chorro de agua fría. Sacuda el exceso de líquido y reserve.

Caliente el aceite en una sartén. Sofría la chalota a fuego bajo hasta que empiece a adoptar un tono dorado claro. Incorpore el ajo 1 minuto antes de añadir las especias y sofría 2-3 minutos para que suelten sus aromas. Agregue ahora los tomates y el azúcar. Pruebe y rectifique de sal y pimienta negra. Pase las alubias a la mezcla y cocínelas, sin tapar, 10-12 minutos, hasta que se absorba el líquido y quede un relleno espeso y consistente. Con cuidado, incorpore la mitad del cilantro.

Corte las tortillas por la mitad y ponga una porción de relleno sobre una mitad. Disponga el queso encima y espolvoree con el resto de cilantro, tape con la otra mitad de tortilla, presione ligeramente y tueste a la plancha o en una sartén antiadherente, hasta que se doren un poco, dándoles la vuelta para tostar el otro lado. Corte en triángulos para servir.

Escurra la cebolla encurtida. Sirva las quesadillas junto con la cebolla encurtida y con láminas de cremoso aguacate.

✳CONSEJO

Si no encuentra queso fontina, utilice gouda o gruyer: también funden bien.

arroz hippie

Si la salud llegara en forma de receta, con esta tendríamos todos los números para acertar. Un plato de arroz integral rico en proteínas, que sacia pero no hincha, con huevos, aguacate y chile: ideal para los días en que el organismo necesita ingerir algo saludable.

PREPARACIÓN 20 MINUTOS ✳ **COCCIÓN 30 MINUTOS** ✳ **2 RACIONES**

INGREDIENTES

150 g de arroz integral, lavado

200 g de alubias adzuki en conserva, escurridas y lavadas

2 huevos camperos grandes

70 g de hojas tiernas de espinacas, en tiritas

4 cebolletas, limpias y troceadas

½ chile rojo, sin semillas y en tiritas

½ aguacate maduro, cortado por la mitad, pelado y en láminas

2 cucharadas de cacahuetes asados

Sal y pimienta negra recién molida

PARA LA VINAGRETA

2 cucharadas de aceite de oliva

1 cucharadita de mostaza de Dijon

1 cucharada de vinagre de sidra

Zumo de ½ limón

Eche el arroz y una pizca de sal en una olla y cubra generosamente con agua fría, con más o menos el doble de volumen de agua que de arroz. Lleve a ebullición. Tape con una tapa ajustada y baje el fuego para mantener un hervor suave. Cocine a fuego lento 25 minutos hasta que el arroz quede tierno y haya consumido casi todo el líquido. Escurra el líquido sobrante y ahueque el arroz con un tenedor, para devolverlo después a la olla. Incorpore las alubias adzuki para que se calienten.

Mientras, cueza los huevos. Lleve a ebullición suave un cazo lleno de agua. Con cuidado, sumerja los huevos y cueza 7 minutos: las claras se cocerán y las yemas quedarán algo blandas. Escurra y pase los huevos por agua fría para detener la cocción. Cuando se templen y puedan manipularse, golpéelos suavemente contra la encimera para romper las cáscaras, de modo que el aire llegue a las claras, y descascaríllelos. Córtelos en cuartos.

Incorpore las espinacas, la mitad de las cebolletas y un poco del chile al arroz.

Prepare el aliño mezclando los ingredientes en una jarrita. Salpimiente al gusto. Deje reposar 1 minuto antes de aliñar el arroz y remover.

Sirva el arroz en dos boles y disponga encima el resto de cebolleta, el aguacate, el chile restante, unos cuantos cacahuetes y el huevo cortado.

✳ CONSEJO

Para evitar que el aguacate se oscurezca demasiado, rocíelo con zumo de limón si prepara el plato con antelación.

ensalada de col lombarda, kale y alubias adzuki

INGREDIENTES

½ col lombarda pequeña

150 ml de aceite de girasol, para freír

250 g de col verde (kale), rasgada en trozos de 5-6 cm

400 g de alubias adzuki en conserva, escurridas y lavadas

60 g de avellanas, tostadas y troceadas

Sal y pimienta negra recién molida

PARA EL ALIÑO

80 ml de suero de leche

2 cucharadas de mayonesa

1 cucharadita de zumo de limón

3 cucharadas de hojas de eneldo picadas

Este plato sorprende y alegra la vista en los meses otoñales, cuando el verde es menos frecuente. Puede seguir la vía más lenta y agradecida de cocer las alubias en caldo con hierbas, pero yo opté por utilizarlas en conserva, escurridas y calentadas con mantequilla. Tueste las avellanas para dar profundidad de sabor y cohesionar la ensalada.

PREPARACIÓN 15 MINUTOS ✳ COCCIÓN 10 MINUTOS ✳ 4 RACIONES

Corte el tallo grueso de la col lombarda y, con una mandolina o cuchillo afilado, córtela lo más fina posible. Reserve.

Caliente el aceite en una cacerola grande de base gruesa a fuego medio hasta poco antes de alcanzar el punto de humeo. Agregue la col verde por tandas –póngase delantal, ya que la col verde salpicará en contacto con el aceite–. Fría cada tanda 3-5 minutos, o hasta que se rice y esté crujiente. Pásela a una bandeja forrada con papel vegetal y espolvoree un poco de sal por encima. Deje templar.

Para el aliño, mezcle el suero de leche, la mayonesa y el zumo de limón en un cuenco pequeño. Incorpore el eneldo y condimente al gusto, añadiendo más zumo de limón si lo precisa.

Disponga la col lombarda y las alubias en un cuenco grande e incorpore la mitad de las avellanas. Páselo todo a una bandeja más grande y acabe con la col verde crujiente y el resto de avellanas. Aliñe y sirva.

albóndigas de cordero
con salsa de tomate y alubias rojas

PARA LAS ALBÓNDIGAS

500 g de carne de cordero picada

3 filetes de anchoa, picados

40 g de migas de pan fresco

Raspadura de 1 limón sin encerar

1 diente de ajo, machacado

3 cucharadas de hojas de albahaca, troceadas

3 cucharadas de aceite vegetal

Sal y pimienta negra recién molida

PARA LA SALSA

1 cucharada de aceite vegetal

2 cebollas, en láminas finas

2 dientes de ajo, en láminas

1 cucharadita de comino en polvo

2 cucharadas de concentrado de tomate

800 g de tomate troceado en conserva

400 g de alubias rojas en conserva, escurridas y lavadas

1 cucharada de vinagre balsámico

2 cucharadas de perejil, troceado

125 g de mozzarella en bola

Hojas de albahaca, para decorar

La humilde albóndiga se está recuperando y es una receta que ha pasado de comedores escolares a restaurantes de moda. Esta versión, elaborada con carne de cordero, anchoas saladas, limón y albahaca, se cocina sobre una salsa espesa de alubias y se sirve tal cual. Una comida familiar de ensueño.

PREPARACIÓN 20 MINUTOS ✳ COCCIÓN 50 MINUTOS ✳ 4 RACIONES

Empiece preparando las albóndigas. Ponga la carne de cordero, las anchoas, las migas, la raspadura de limón, el ajo y la albahaca en un cuenco grande.

Con las manos, mezcle bien los ingredientes. Salpimiente, luego forme 12 bolas del tamaño de una pelota de golf.

Caliente el aceite en una sartén honda de base gruesa a fuego medio. Añada las albóndigas, por tandas, y cocínelas 5-6 minutos, dándoles la vuelta con pinzas de vez en cuando, hasta que se doren por todos lados. Procure no moverlas demasiado al freírlas o se arriesgará a que se deshagan. Retire del fuego y reserve mientras prepara la salsa. Precaliente el horno a 180 °C / 160 °C con ventilador / gas potencia 4.

Para la salsa, limpie la sartén con papel de cocina, caliente el aceite a fuego más bien fuerte y añada la cebolla. Deje que tome color antes de añadir el ajo y el comino. Remueva mientras se cuecen un par de minutos, antes de agregar el concentrado de tomate. Suba la potencia del fuego y añada el tomate troceado. Cueza 20 minutos hasta que la salsa espese. Retire del fuego e incorpore las alubias rojas, el vinagre y el perejil.

Pase la salsa a una fuente de horno de 2 litros de capacidad y disponga en ella las albóndigas. Ponga mozzarella troceada y espolvoree con pimienta negra molida. Cueza 25 minutos. Saque del horno y sirva, decorado con albahaca fresca.

hamburguesas de alubias rojas queso, y chutney

INGREDIENTES

800 g de alubias rojas en
   conserva, escurridas y
   lavadas
2 cucharadas de chutney
1 huevo mediano, batido
1 cucharadita de mostaza
   de grano entero
1 cucharadita de azúcar
   moreno
3 cucharadas de perejil
   troceado
100 g de avena para gachas
75 g de queso Cheddar,
   rallado fino
Sal y pimienta negra recién
   molida

PARA EL EMPANADO

75 g de harina blanca
2 huevos camperos
   medianos, batidos
100 g de pan seco rallado
2 cucharadas de aceite
   vegetal

PARA SERVIR

Aguacate, pelado y en
   láminas
Pepinillos, en láminas
Mayonesa
Hojas de eneldo

Como bien sabe, las hamburguesas vegetales pueden resultar decepcionantes: secas, insípidas, frágiles. Pues bien, estas compiten con las de carne gracias al queso y el chutney que se añaden a la mezcla y que aportan sabor además de cuerpo. Para completarlas, acompáñelas con todos los ingredientes adicionales: aguacate, pepinillos y mayonesa.

**PREPARACIÓN 15 MINUTOS + 30 MINUTOS DE FRIGORÍFICO
✳ COCCIÓN 30 MINUTOS ✳ 6 RACIONES**

Ponga las alubias en el vaso del procesador de alimentos con el chutney, el huevo batido, la mostaza y el azúcar. Triture para formar una mezcla homogénea. Añada al vaso el perejil, la avena y el queso y remueva. Salpimiente. Deje la mezcla en el frigorífico 30 minutos para que absorba la humedad y se fusionen los sabores.

La mezcla refrigerada debe quedar densa y elástica. Forme con ella 6 hamburguesas del tamaño de una galleta maría. Ponga la harina, los huevos batidos y el pan rallado en tres boles separados. Pase con cuidado las hamburguesas por la harina, el huevo y el pan rallado.

Caliente el aceite en una sartén grande a fuego medio. Fría las hamburguesas 8-10 minutos por cada lado hasta que el pan rallado quede crujiente. Deben quedar doradas y crujientes.

Sirva las hamburguesas con el aguacate, los pepinillos y un poco de mayonesa, y decoradas con eneldo.

chile con carne

INGREDIENTES

1 cucharada de aceite
de oliva

1 cebolla morada, troceada

½ cucharada de azúcar
moreno

3 dientes de ajo, machacados

3 cucharaditas de comino
en polvo

2 cucharaditas de cilantro
en polvo

1 ½ cucharaditas de copos
de guindilla

½ cucharadita de canela
en polvo

1 cucharadita de pimentón
ahumado

½ nuez moscada, rallada

500 g de carne picada
de ternera

200 g de concentrado
de tomate

300 ml de vino tinto

200 ml de caldo de carne
caliente

400 g de tomates troceados
en conserva

800 g de alubias rojas en
conserva, escurridas y
lavadas

50 g de chocolate negro,
troceado

½ manojo de cilantro,
troceado

Zumo de ½ lima

Sal y pimienta negra recién
molida

Arroz al vapor, para servir

Esta receta es ideal para una cena familiar. A los niños les intrigará la adición de chocolate al retirar el chile del fuego. Adapte la cantidad de picante a la tolerancia de su familia.

PREPARACIÓN 15 MINUTOS ✳ **COCCIÓN 55 MINUTOS** ✳ **8 RACIONES**

Caliente el aceite en una cacerola grande a fuego medio. Añada la cebolla y sofría 5 minutos hasta que empiece a ablandarse y dorarse. Incorpore el azúcar y sofría 2 minutos más antes de añadir el ajo y las especias, luego cueza 1 minuto más.

Suba la potencia del fuego y agregue la carne, desmenuzándola con una cuchara de madera. Deje que se dore sin remover 3-4 minutos, luego, cuando se empiece dorar por debajo, remueva, desmenuzando la carne si es necesario, y deje que tome color. Cuando la carne esté dorada, incorpore el concentrado de tomate. Añada el vino, baje el fuego y cueza hasta que haya reducido a la mitad.

Vierta en la cacerola el caldo y añada los tomates, suba la potencia del fuego y lleve a ebullición. Incorpore las alubias. Tape, baje el fuego hasta que la salsa apenas burbujee, y cueza a fuego lento 45 minutos.

Para terminar, incorpore el chocolate hasta que se derrita y se mezcle. Condimente al gusto y acabe con el cilantro y un buen chorro de lima. Sirva con arroz al vapor.

galletas de centeno, chocolate y alubias adzuki

INGREDIENTES

200 g de mantequilla sin sal,
   a temperatura ambiente
200 g de azúcar moreno
125 g de azúcar extrafino
400 g de alubias adzuki,
   escurridas y lavadas
1 huevo grande
1 cucharadita de extracto
   de vainilla
325 g de harina de centeno
   o blanca
¾ de cucharadita de
   bicarbonato
1 cucharadita de levadura
   en polvo
1 cucharadita de sal marina
300 g de chocolate (una
   mezcla de blanco, negro
   y con leche, troceado)

Una galleta recién hecha sirve de moneda de cambio para un soborno descarado o para acciones menos evidentes con el fin de mantener la paz. Esta mezcla puede conservarse bien cerrada en el frigorífico para estos casos, y en 15 minutos, las galletas están a punto. Las alubias consiguen dar una textura elástica y suave a las galletas y son ideales para incluir la generosa cantidad de chocolate con que se combinan. Utilice harina de centeno o blanca: ambas funcionan bien y es una cuestión de gusto.

PREPARACIÓN 15 MINUTOS + 2 HORAS DE FRIGORÍFICO
✳ **COCCIÓN 15 MINUTOS** ✳ **SALEN 16 GALLETAS**

Bata la mantequilla con los azúcares 2 minutos, hasta que quede una crema pálida de consistencia esponjosa. Añada las alubias y siga mezclando hasta que se incorporen, pero todavía se observe su piel morada. Agregue el huevo y el extracto de vainilla.

Tamice la harina con el bicarbonato y la levadura. Añada la sal. Agregue los ingredientes secos a la mezcla húmeda para obtener una masa pegajosa. Incorpore a la mezcla todo el chocolate. Cubra y refrigere la masa al menos 2 horas, pero preferiblemente dos o tres días para que los sabores se intensifiquen.

Cuando vaya a hornear las galletas, precaliente el horno a 180 °C / 160 °C con ventilador / gas potencia 4. Forre dos o tres bandejas con papel vegetal y con una cuchara para servir helado o una cuchara grande forme 16 bolas de masa. Separe bien las bolas ya que se aplastarán: cabrán 5 o 6 por bandeja. Hornee 15 minutos hasta que se doren muy ligeramente. Sáquelas del horno y deje endurecer en la bandeja antes de pasarlas a una rejilla para que se templen mientras se cuece la siguiente tanda.

pastel de chocolate y almendra

INGREDIENTES

400 g de alubias rojas en conserva, escurridas y lavadas

250 g de mantequilla sin sal, a temperatura ambiente, y un poco más para engrasar

225 g de azúcar moreno

3 huevos camperos medianos

2 cucharaditas de esencia de vainilla

100 g de chocolate negro de calidad, derretido

200 g de almendras molidas

1 cucharadita de bicarbonato

25 g de cacao en polvo

75 ml de agua hirviendo

PARA LA COBERTURA

170 g de mantequilla con sal, a temperatura ambiente

350 g de azúcar glas

2-3 cucharadas de leche

PARA DECORAR

Coco en láminas, tostado

Frambuesas

Este pastel posee una textura divina parecida a la mousse. Las almendras y alubias sustituyen a la harina, de modo que es una delicia apta para los amigos que deben o desean evitar el gluten.

PREPARACIÓN 30 MINUTOS ✳ **COCCIÓN 45 MINUTOS** ✳ **8 RACIONES**

Precaliente el horno a 200 °C / 180 °C con ventilador / gas potencia 6. Engrase y forre dos moldes desmontables de 20 cm de diámetro.

Ponga las alubias en un cuenco y tritúrelas con la batidora de mano o el procesador de alimentos hasta obtener una pasta espesa, añadiendo unas gotas de agua si es necesario. Reserve.

Ponga la mantequilla y el azúcar en un cuenco grande y bata con una batidora eléctrica unos minutos hasta que la mezcla quede pálida y esponjosa. Añada los huevos, de uno en uno, batiendo cada vez. Poco a poco añada la esencia de vainilla y el chocolate derretido, batiendo bien. Incorpore la pasta de alubias y las almendras molidas. Con una cuchara grande, incorpore el bicarbonato y el cacao en polvo. Vierta el agua hirviendo y bata bien.

Con cuidado vierta la masa en los moldes y hornee 30 minutos. Baje la potencia del horno a 170 °C / 150 °C / gas potencia 3 y hornee 30 minutos más o hasta que al insertar un palillo en el centro salga casi limpio. No se preocupe si es algo pegajoso: el pastel seguirá cociéndose mientras se enfría. Retire del horno y deje templar en el molde 30 minutos, luego páselo a una rejilla.

Para la cobertura, con una batidora eléctrica bata la mantequilla hasta que quede blanda y pálida, luego añada el azúcar y bata hasta obtener una mezcla cremosa, añadiendo suficiente leche para conseguir una buena consistencia.

Cuando los pasteles estén fríos, dele la vuelta a uno sobre un plato o una tabla, úntelo con un tercio de la cobertura y superponga el otro. Extienda el resto de cobertura por encima y decore con el coco y las frambuesas.

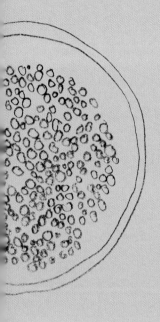

pardas

HABA PARTIDA

∗

ALUBIA BORLOTTI

∗

ALUBIA PINTA

crema de habas e hinojo con pan de centeno al romero

INGREDIENTES

175 g de habas partidas
secas, remojadas toda la
noche y escurridas
2 cucharadas de aceite
de oliva
1 cebolla, en dados
2 ramas de apio, en dados
4 dientes de ajo grandes,
en dados
4 hojas de laurel
2 cucharaditas de semillas
de hinojo
2 litros de caldo vegetal
caliente
50 g de semillas de calabaza
Sal y pimienta negra recién
molida

PARA EL PAN DE CENTENO

400 g de harina de centeno,
y un poco más para
espolvorear
100 g de harina de fuerza
para pan
Una pizca de sal
10 g de levadura instantánea
1 cucharada de melaza negra
Unas ramas de romero
Aceite de oliva, para amasar

He aquí una crema de orígenes humildes, espesada con habas. El sabor anisado de las semillas de hinojo (indispensables en cualquier despensa) le otorga carácter. Tómela cuando arrecia el frío en invierno con pan de centeno caliente y mantequilla.

PREPARACIÓN 30 MINUTOS + 1 NOCHE DE REMOJO
✳ COCCIÓN 2 HORAS Y 15 MINUTOS ✳ 8 RACIONES

Para el pan, ponga las harinas en un cuenco grande. Añada la sal, la levadura, la melaza y 275 ml de agua fría y mezcle hasta que todo ligue. Tal vez precise más agua: debe obtener una masa suave y elástica. Pase la masa a una superficie de trabajo limpia untada con aceite y trabaje la masa 5-10 minutos. Dele forma de barra de pan y dispóngala sobre una bandeja de horno enharinada. Cubra con un trapo de cocina y deje que leude toda la tarde o al menos 6 horas. Vuelva a amasar 2-3 minutos más antes de darle forma de barra de pan y dejar que suba 30 minutos.

Precaliente el horno a 220 °C / 200 °C con ventilador / gas potencia 7. Ponga una bandeja de horno a calentar. Practique cuatro o cinco cortes superficiales en la barra de pan. Hornee 30 minutos o hasta que la base suene hueca. Una vez cocido, practique 6-8 cortes más profundos en la barra (pero sin llegar a cortar rebanadas). Meta en los cortes ramitas de romero, rocíe con 1 cucharada de aceite de oliva y vuelva a hornear 5 minutos.

Mientras, escurra las alubias remojadas, lávelas bajo un chorro de agua fría y reserve.

Caliente el aceite en una cacerola a fuego medio. Añada la cebolla, el apio y el ajo y sofría suavemente 6-8 minutos hasta que las verduras se ablanden y queden translúcidas. Agregue las hojas de laurel y las semillas de hinojo, y siga cociendo 1 minuto más. Incorpore las legumbres y vierta el caldo. Cueza 2 horas hasta que las habas queden bien tiernas. Retire las hojas de laurel y triture por tandas, luego devuélvalo a la cacerola para que se caliente. Condimente al gusto.

Ponga las semillas de calabaza en una sartén en frío a fuego fuerte y tuéstelas hasta que la piel se hinche. Sirva la crema en boles grandes, con pimienta negra y las semillas de calabaza tostadas.

pastel de habas y tomate con yogur a las hierbas

PARA EL PASTEL

450 g de habas partidas
    secas
1 cebolla mediana, cortada
    por la mitad
1 hoja de laurel
220 g de concentrado
    de tomate
4 huevos medianos,
    algo batidos
200 g de avena para gachas
2 cucharaditas de alcaparras,
    troceadas
8-10 pepinillos en conserva,
    troceados
120 g de tomates secos,
    troceados
½ manojo de perejil, picado

PARA DECORAR

15 g de mantequilla
30 g de avena para gachas
40 g de avellanas, tostadas
    y chafadas

PARA EL YOGUR

150 ml de yogur griego
Un manojito de albahaca,
    picada
1 diente de ajo pequeño,
    rallado
Un poco de zumo de limón
Sal y pimienta negra recién
    molida

Ensalada de rúcula,
    para servir

Hodmeadod es una empresa británica que está devolviendo protagonismo a las legumbres. Rescatan y dan relevancia a variedades olvidadas procedentes de toda Inglaterra, como la alubia black badger y las habas partidas, y les otorgan un aire contemporáneo y atractivo. Este pastel es una versión del que sirvieron en el Festín de las Legumbres: acto enmarcado en la inauguración del Año Internacional de las Legumbres de 2015.

PREPARACIÓN 40 MINUTOS + 1 NOCHE DE REMOJO ✳ **COCCIÓN 50 MINUTOS** ✳ **SALE 1 BARRA DE 900 G**

Remoje las habas toda la noche en abundante agua fría. Lávelas y póngalas en una cacerola de base gruesa a fuego moderado. Cúbralas con agua fría, añada la cebolla y la hoja de laurel y lleve a ebullición. Baje la temperatura un poco y cueza a fuego lento 20-30 minutos hasta que las habas queden tiernas pero sin deshacerse. Retire y deseche la cebolla y el laurel. Escurra las habas y páselas a un cuenco grande.

Precaliente el horno a 180 °C / 160 °C con ventilador / gas potencia 4.

Para decorar, derrita la mantequilla en una sartén a fuego moderado. Incorpore la avena y las avellanas y tueste ligeramente 2-3 minutos.

Prosiga con la preparación de la barra: añada el concentrado de tomate, los huevos, la avena, las alcaparras, los pepinillos, los tomates secos y el perejil a las habas cocidas y mezcle bien. Páselo a un molde rectangular de 900 g. Eche los frutos secos por encima y hornee 40-50 minutos o hasta que la masa se note firme y bien caliente del centro. Saque del horno y deje templar en el molde 10 minutos antes de desmoldar.

Mientras, prepare el yogur. En un cuenco pequeño, mezcle el yogur, la albahaca y el ajo. Salpimiente al gusto y añada el zumo de limón.

Sirva en rebanadas gruesas, calientes, con una cucharada de yogur y una ensalada de rúcula.

habas con miso crujiente

INGREDIENTES

150 g de habas partidas secas

2 cucharadas de aceite de oliva

2 cucharaditas de pasta de miso

2-3 cucharadas de queso parmesano, rallado fino

Sal y pimienta negra recién molida

De preparación rápida y con esfuerzo mínimo, este aperitivo es delicioso. Sírvalo caliente, recién sacado del horno, tal cual, o como toque final crujiente sobre una ensalada.

PREPARACIÓN 5 MINUTOS ✳ **COCCIÓN 1 HORA Y 10 MINUTOS** ✳ **8 RACIONES PARA PICAR**

Lleve a ebullición una olla grande llena de agua con sal. Añada las habas y cueza 25-30 minutos hasta que empiecen a estar tiernas pero sin deshacerse. El tiempo dependerá de cuándo han sido recogidas y del tamaño de las legumbres, no tema cocerlas unos minutos más.

Mientras, precaliente el horno a 200 °C / 180 °C con ventilador / gas potencia 6.

Escurra las habas, devuélvalas a la olla y salpimiéntelas bien. Mezcle el aceite con la pasta de miso. Con cuidado, incorpore esta mezcla a las habas, impregnándolas del aceite al miso. Extienda las habas sobre una bandeja de horno grande, de modo que formen una sola capa, y hornéelas 25 minutos. Saque la bandeja del horno y espolvoree las habas con el parmesano. Mezcle con cuidado y vuelva a meter en el horno 15 minutos más. Deje templar un poco antes de servir en boles.

lasaña de alubia borlotti, kale y tomate

INGREDIENTES

2 cucharadas de aceite
  de oliva

2 cebollas, troceadas

Unas ramas de tomillo,
  las hojas

3 dientes de ajo grandes,
  machacados

4 cucharadas de
  concentrado de tomate

800 g de tomate troceado
  de calidad en conserva

400 g de alubias borlotti
  en conserva, escurridas
  y lavadas

Una nuez pequeña
  de mantequilla

200 g de col verde (kale),
  limpia y troceada

1-1 ½ cucharaditas de nuez
  moscada rallada

400 ml de nata para cocinar

250 g de láminas de lasaña
  frescas

60 g de parmesano, rallado
  fino

Sal y pimienta negra recién
  molida

Albahaca fresca, para
  decorar

El verde es mi color preferido, el 26 mi número de la suerte y la lasaña mi comida favorita. Esta versión sorprendente de la obra de arte italiana, con capas de nata, alubias y col verde escaldada, se ha adaptado para facilitarle la labor al cocinero moderno. La nata representa la salsa (no debe usarse la versión baja en grasa) y el relleno precisa poca cocción. El número de capas es difícil de precisar, pero es conveniente empezar y terminar con una capa de salsa.

PREPARACIÓN 25 MINUTOS ✳ COCCIÓN 1 HORA ✳ 8 RACIONES

Precaliente el horno a 180 °C / 160 °C con ventilador / gas potencia 4.

Caliente el aceite en una cacerola grande a fuego medio. Añada la cebolla y sofría 8-10 minutos hasta que se ablande y se dore. Añada las hojas de tomillo con el ajo y cueza 1 minuto más. Incorpore el concentrado de tomate. Agregue los tomates, baje el fuego y sofría a fuego lento, sin tapa, 25-30 minutos o hasta que la salsa reduzca a la mitad. Condimente e incorpore las alubias a la salsa.

Mientras, derrita la mantequilla en una cacerola grande a fuego medio. Agregue la col verde y condimente abundantemente con la nuez moscada, sal y pimienta negra. Cueza, con tapa, 4-5 minutos hasta que la col se ablande.

Extienda unas cucharadas –alrededor de un tercio– de la nata sobre la base de una fuente de horno de 2 litros de capacidad. Cubra con una capa de pasta fresca. Extienda encima la mitad de la mezcla de tomate y alubias, la mitad de la col y un poco de parmesano. Cubra con pasta fresca y una segunda capa de nata, el resto de salsa de tomate y luego la col. Acabe con una capa de hojas de lasaña y el resto de la nata. Espolvoree con parmesano y un poco más de pimienta negra.

Pase a la posición central del horno y ase 35-40 minutos o hasta que la superficie se dore. Saque del horno y deje reposar 5 minutos. Las láminas de pasta absorberán todo el líquido y resultará fácil cortar la lasaña en porciones. Sirva en cuadrados, decorados con albahaca.

carrillada de ternera con polenta al parmesano

INGREDIENTES

250 g de alubias borlotti secas, remojadas toda la noche y escurridas

2 cucharadas de aceite de oliva

3 chalotas, troceadas

3 dientes de ajo, machacados

1 cucharadita de especias ras el hanout

½ cucharadita de comino en polvo

½ cucharadita de cilantro en polvo

1 limón en conserva pequeño, en rodajas

1 cucharada de concentrado de tomate

160 ml de vino tinto

1 litro de caldo de carne caliente

4 carrilladas de ternera (alrededor de 1,5 kg)

3 cucharadas de perejil troceado

Sal y pimienta negra recién molida

Raspadura de 1 limón sin encerar

PARA LA POLENTA

1 litro de caldo vegetal caliente

200 g de polenta

100 ml de nata líquida para cocinar

50 g de mantequilla

50 g de parmesano, rallado fino

La carrillada de ternera es un corte de carne saciante, firme y de textura magra. Como las alubias borlotti secas, requiere una cocción lenta, y esta receta concede a ambos ingredientes horas de cocción para absorber los sabores y desarrollar su textura suave y delicada. El limón en conserva sirve para intensificar el sabor del estofado.

PREPARACIÓN 30 MINUTOS + 1 NOCHE DE REMOJO
✳ COCCIÓN 4 HORAS Y 30 MINUTOS ✳ 4 RACIONES

Lleve a ebullición una olla grande de agua con sal. Añada las alubias y cueza 20 minutos, el tiempo justo para empezar a ablandarlas; seguirán cociéndose a fuego lento con el estofado. Escurra y reserve.

Caliente el aceite en una cacerola a fuego medio y sofría las chalotas 4-6 minutos hasta que se ablanden. Agregue el ajo y sofría 3 minutos más. Añada las especias y cueza 1 minuto. Incorpore el limón en conserva y el concentrado de tomate. Vierta el vino y cueza hasta que el líquido reduzca a la mitad.

Añada el caldo, las alubias y las carrilladas a la cacerola y lleve a ebullición. Baje la potencia del fuego, tape con una tapa ajustada y cueza 4 horas o hasta que la carne esté tierna y se deshaga. Compruebe la cocción cada hora para cerciorarse de que la salsa no quede seca: añada un poco de agua si es necesario. Condimente al gusto.

Veinte minutos antes de servir, prepare la polenta. Lleve el caldo vegetal a ebullición en una olla mediana. Vierta lentamente la polenta y remueva tan rápido como pueda. Deje burbujear unos minutos, removiendo, hasta que la polenta espese. Retire la olla del fuego, incorpore la mantequilla y el parmesano. Salpimiente bien: a mí me gusta con mucha pimienta.

Agregue 2 cucharadas de perejil a la olla. Sirva la polenta en platos calientes y disponga el estofado encima, con el resto de perejil y la raspadura de limón.

sopa minestrone con verduras otoñales y pesto de perejil y nueces

INGREDIENTES

2 cucharadas de aceite de oliva

1 cebolla morada pequeña, picada

3 zanahorias, cortadas en daditos

½ calabaza (unos 300 g), pelada y cortada en daditos

3-4 ramas de apio con hojas

3 ramas de romero, picadas

2 dientes de ajo, machacados

200 ml de vino tinto

400 g de tomates troceados en conserva

1,25 litros de caldo vegetal caliente

400 g de alubias pintas en conserva, escurridas y lavadas

500 g de acelgas de colores o col verde de hoja lisa, sin tallos, las hojas troceadas

Sal y pimienta negra recién molida

PARA EL PESTO

3 puñados grandes de perejil (unos 30 g)

1 diente de ajo, machacado

60 g de nueces, algo tostadas

150 ml de aceite de oliva, y un poco más para rociar

30 g de parmesano, rallado fino

La sopa minestrone es una obra maestra de la cocina italiana refinada a lo largo de generaciones de abuelas que han ido pasando las recetas a sus hijas. El resultado es una sopa maravillosa y saludable, que se complementa a la perfección con una jarra de vino italiano. Véase la página 161 para la fotografía de la receta.

PREPARACIÓN 25 MINUTOS ✳ **COCCIÓN 1 HORA Y 10 MINUTOS** ✳ **8 RACIONES**

Caliente el aceite en una cacerola honda a fuego bajo-medio. Añada la cebolla, la zanahoria, la calabaza, el apio y el romero y rehogue 10 minutos hasta que la cebolla y el apio se ablanden. No se pretende dorar las verduras, por lo que hay que bajar el fuego si es necesario. Agregue el ajo y cueza 1-2 minutos más. Vierta el vino y cueza hasta que se reduzca el líquido a la mitad.

Añada los tomates y el caldo y lleve a ebullición. Baje la potencia del fuego para mantener un hervor suave, tape pero ladee la tapa para que parte del vapor escape. Cueza a fuego lento 45 minutos, removiendo de vez en cuando. Para terminar, añada las alubias y las acelgas y siga cociendo 10 minutos más. Condimente al gusto.

Mientras, prepare el pesto. Ponga el perejil, el ajo y las nueces en el vaso del procesador de alimentos y triture para obtener una pasta. Pásela a un bol e incorpore el aceite y el parmesano. Condimente al gusto.

Pruebe la sopa y rectifique de condimentos. Sírvala en cuencos y con un poco de pesto y unas gotas de aceite de oliva si lo desea.

ensalada de alubias borlotti, calabacín, espárragos y aceitunas

INGREDIENTES

225 g de alubias borlotti
  frescas
1-2 cucharadas de aceite
  de oliva
2 calabacines, en rodajas
  diagonales de 0,5 cm
100 g de puntas de espárragos
Un puñado de hojas de
  albahaca
Raspadura de 1 limón
  sin encerar
75 g de aceitunas negras,
  sin hueso

PARA EL ALIÑO

3 cucharadas de aceite
  de oliva
Zumo de 1 limón
Una pizca de azúcar extrafino
½ diente de ajo, machacado

Los espárragos y el calabacín anuncian el inicio de la primavera. En esta ensalada, se combinan con las alubias frescas para rendir homenaje a Italia. Si le gusta rebañar el plato con pan como a mí, prepare el doble de aliño.

PREPARACIÓN 15 MINUTOS ✳ **COCCIÓN 25 MINUTOS** ✳ **4 RACIONES**

Ponga las alubias en una olla pequeña con agua hirviendo. Cocínelas 25-30 minutos hasta que su color se apague un poco y las alubias estén tiernas. Reserve para que se templen.

Mientras, ponga a calentar una plancha a fuego fuerte. Unte las rodajas de calabacín de aceite y póngalas sobre la plancha caliente. Procure que no se superpongan unas a otras, ya que se trata de freírlas, no cocerlas al vapor. Deje que se frían, sin tocarlas, hasta que presenten las marcas de la plancha. Deles la vuelta y repita el procedimiento. Retire de la plancha y reserve mientras hace lo mismo con el resto de rodajas y los espárragos.

Prepare el aliño mezclando todos los ingredientes en una taza o un tarro. Remueva hasta que todo ligue. Pruebe y añada más zumo de limón, si lo desea.

En un cuenco grande, mezcle las alubias, el calabacín, los espárragos, la mayor parte de las hojas de albahaca (guarde unas cuantas para decorar), la raspadura de limón y las aceitunas negras. Aliñe la ensalada y pásela a una bandeja espaciosa, luego decore con el resto de hojas de albahaca.

almejas con alubias borlotti y estragón

INGREDIENTES

2 cucharadas de aceite
  de oliva
3 chalotas, picadas
4 dientes de ajo, en rodajas
  finas
Un puñadito de perejil
Una pizca de copos
  de guindilla seca
150 ml de vino blanco
400 g de alubias borlotti en
  conserva, escurridas
1 kg de almejas, limpias
  (asegúrese de que estén
  bien limpias: frote las
  conchas, retire las barbas
  y deseche las que no se
  cierren o estén rotas)
1 limón, en rodajas
300 ml de caldo vegetal
  caliente
Un puñadito de estragón y
  perejil, las hojas picadas
Sal y pimienta negra recién
  molida

Un plato veneciano limpio, directo y clásico que no precisa introducción alguna. De rápida preparación y con todas las virtudes que cabe esperar de una rica cazuela. A mí me gusta presentar las almejas en su concha, pero puede fácilmente vaciarlas y echar las almejas al caldo caliente justo antes de llevar el plato a la mesa.

PREPARACIÓN 20 MINUTOS + 1 NOCHE DE REMOJO ✳ COCCIÓN 20 MINUTOS ✳ 4 RACIONES

Vierta un chorro generoso de aceite en una cacerola de base gruesa. Añada las chalotas, el ajo y una buena pizca de sal y pimienta negra.

Separe los tallos de las hojas del perejil, trocéelos y añádalos a la cacerola. Incorpore los copos de guindilla y cueza a fuego moderado unos 4 minutos hasta que la salsa suelte su aroma y las chalotas estén doradas.

Suba la potencia del fuego, vierta el vino y cueza hasta que se haya prácticamente evaporado antes de agregar las alubias, las almejas, el limón y el caldo. La cacerola se llenará de movimiento y vapor, de modo que deberá sacudirla un poco y taparla. Pasados unos 4 minutos, las almejas empezarán a abrirse. Siga sacudiendo la cacerola hasta que todas se hayan abierto, y deseche las que queden cerradas. Incorpore el estragón y las hojas de perejil y sirva en cuencos calientes con pan fresco para mojar y rebañar.

cerdo envuelto en jamón con alubias borlotti al tomate con hierbas

INGREDIENTES

200 g de alubias borlotti secas, remojadas toda la noche y escurridas

300-400 g de solomillo de cerdo

5-6 lonchas de jamón

1 cucharada de aceite de oliva

3 chalotas, en rodajas finas

4 dientes de ajo, machacados

1 cucharadita de azúcar

800 g de tomates troceados de calidad

1 cucharada de vinagre de vino tinto

Un manojito de albahaca, troceado

Un puñado de perejil, troceado

Sal y pimienta negra recién molida

En mi opinión, el solomillo de cerdo es un ingrediente infrautilizado. De precio mucho más razonable de lo que se cabría pensar y tan magro y tierno como cabría desear. Envuelto en jamón, asado y servido sobre un lecho de alubias densas e intensamente dulces, es un plato que pide ser cocinado. Si quiere, puede sustituir la carne de cerdo por la de pollo.

PREPARACIÓN 1 HORA Y 30 MINUTOS + 1 NOCHE DE REMOJO
✳ **COCCIÓN 1 HORA** ✳ **4 RACIONES**

Ponga las alubias en una olla grande y cubra con el doble de volumen de agua fría. Lleve a ebullición a fuego medio, luego baje el fuego, tape la olla y cueza a fuego lento 1-1 ½ horas, hasta que las alubias queden tiernas. El tiempo de cocción dependerá de lo viejas o frescas que sean las legumbres, por lo que conviene ir vigilándolas. Escurra y reserve.

Precaliente el horno a 180 °C / 160 °C con ventilador / gas potencia 4.

Condimente el solomillo y ponga las lonchas de jamón sobre la encimera, algo superpuestas. Disponga el solomillo encima y envuélvalo con el jamón. Ate con cordel de cocina a intervalos de 5 cm para que se mantenga en posición.

Caliente el aceite en una sartén de base gruesa a fuego medio y, con unas pinzas, marque el cerdo hasta que se dore por todos lados. Retire el cerdo de la sartén y reserve para que repose.

Añada un poco más de aceite a la sartén si es necesario y agregue las chalotas. Sofríalas unos minutos hasta que queden translúcidas, luego incorpore el ajo y el azúcar y cueza 1 minuto más. Agregue las alubias, el tomate y el vinagre, y remueva bien. Condimente y cueza 30-40 minutos hasta que la salsa espese y reduzca un poco. Retire del fuego e incorpore la mayor parte de las hierbas (reserve unas cuantas para decorar). Páselo todo a una fuente para el horno.

Disponga el solomillo marcado sobre las alubias, cortándolo por la mitad si es necesario, y métalo en el horno 20 minutos hasta que la carne se ase bien. Saque del horno y deje reposar 5-7 minutos. Corte la carne y sirva con las alubias, espolvoreadas con el resto de las hierbas.

pastelitos de pacana y alubia borlotti con cobertura de azúcar moreno

INGREDIENTES

400 g de alubias borlotti en conserva, escurridas y lavadas

125 g de nueces pacanas, y 12 más para decorar

120 g de harina sin gluten

1 cucharadita de levadura en polvo (sin gluten si es necesario)

125 g de azúcar moreno oscuro

3 huevos medianos

Una pizca de sal

1 cucharada de extracto de vainilla

PARA LA COBERTURA DE AZÚCAR MORENO

110 g de mantequilla con sal

220 g de azúcar moreno oscuro

Una pizca de sal

60 ml de leche, y un poco más

350 g de azúcar glas, tamizado

12 nueces pacanas enteras, para decorar

Estos pastelitos sin gluten se preparan echando todos los ingredientes a la batidora y presentan un sabor intenso y caramelizado de azúcar moreno. Como todos los pasteles elaborados con legumbres, poseen la apetecible densidad que tanto me gusta. La cobertura es impactante y un buen recurso para otros platos. Creo que quedaría bien sobre un pastel de chocolate.

PREPARACIÓN 40 MINUTOS ✳ COCCIÓN 20 MINUTOS ✳ SALEN 12 PASTELITOS

Precaliente el horno a 180 °C / 160 °C con ventilador / gas potencia 4. Forre un molde de 12 magdalenas con cápsulas de papel.

Dado el método de preparación, es aconsejable tener todos los ingredientes listos. Ponga las alubias y pacanas en el vaso del procesador de alimentos y triture hasta obtener una pasta irregular. Añada la harina, la levadura y el azúcar y triture para mezclarlo. Agregue los huevos a la mezcla, de uno en uno, con el motor en marcha. Para terminar, añada la sal y el extracto de vainilla. Reparta la mezcla entre las cápsulas de papel y hornee 20 minutos o hasta que el centro de los pastelitos baje y vuelva a subir al presionar. Saque del horno y deje templar.

Para la cobertura, derrita la mantequilla en un cazo e incorpore el azúcar y la sal. Lleve a ebullición y hierva 2-3 minutos, removiendo constantemente. Incorpore la leche y hierva de nuevo. Retire del fuego y deje templar hasta que la mezcla esté tibia: tardará al menos 15 minutos. Incorpore el azúcar glas tamizado y bata con una cuchara de madera hasta que quede una mezcla homogénea. Agregue muy poca leche, si es necesario, para conseguir una consistencia suave. Con una manga, decore los pastelitos y sirva con una pacana encima.

índice

agradecimientos

No me decidí a pronunciar unas palabras el día de mi boda –y siempre me he arrepentido un poco–, de modo que este es un buen momento para dar las gracias en público a unas cuantas de las personas especiales de mi vida.

Gracias a la editorial, que me ha acompañado generosamente durante seis años, encargándome recetas, animándome con nuevas ideas y permitiéndome probar ingredientes novedosos. A Sophie, mi editora a lo largo de estos años, la persona más agradable que uno pueda conocer, y a su encantadora hermana, Ali, con quien realizar la fotografía representó una doble gratificación.

A mis ayudantes, Esther, Lola y Sophie, que han aportado ideas, probado generosamente las recetas y ayudado a lo largo de este viaje. Gracias.

A mi creciente familia. Cada libro que he publicado ha ido sincronizado con el nacimiento de un bebé. Jasper y Wilberforce, de 4 y 2 años, han comido una buena cantidad de garbanzos y se han acostumbrado a que las legumbres cocidas no se sirvan directamente de la lata al plato. A mi nuevo bebé, que habrá nacido cuando se edite este libro, que me ha dejado suficiente energía para disfrutar de las sesiones de fotografía y, afortunadamente, me ha permitido probar las recetas tanto de día como de noche sin (los temidos) mareos matutinos. Gracias. Y a Nick, mi esposo, que, como dice la expresión, me ha dado alas. Te quiero.